休闲体育人才

——以健康中国 2030 背景下海南高校人才培养为例

隋姗姗　施鲜丽　著

上海交通大学出版社

内容提要

本书在"健康中国2030"背景下,结合海南休闲体育政策,以海南休闲体育人才需求为导向,探讨了海南休闲体育专业人才的培养。内容主要包括海南休闲体育专业人才培养的背景和理论基础、海南休闲体育专业发展面临的机遇与挑战、海南休闲体育行业人才需求和能力培养、休闲体育专业课程体系构建研究、海南休闲体育专业人才培养师资保障条件。

本书对于海南各校休闲体育专业建设具有指导意义,可以作为相关专业研究人员的参考用书。

图书在版编目(CIP)数据

休闲体育人才:以健康中国2030背景下海南高校人才培养为例/隋姗姗,施鲜丽
著.—上海:上海交通大学出版社,2019
ISBN 978-7-313-22889-5

Ⅰ.①休… Ⅱ.①隋…②施… Ⅲ.①高等学校—休闲体育—人才培养—研究—
中国 Ⅳ.①G812.4

中国版本图书馆 CIP 数据核字(2020)第 011782 号

休闲体育人才——以健康中国2030背景下海南高校人才培养为例
XIUXIAN TIYU RENCAI —— YI JIANKANG ZHONGGUO 2030 BEIJING XIA HAINAN GAOXIAO RENCAI PEIYANG WEI LI

编　著:	隋姗姗　施鲜丽			
出版发行:	上海交通大学出版社	地　址:	上海市番禺路951号	
邮政编码:	200030	电　话:	021-64071208	
印　制:	当纳利(上海)信息技术有限公司	经　销:	全国新华书店	
开　本:	710mm×1000mm　1/16	印　张:	12	
字　数:	212千字			
版　次:	2019年12月第1版	印　次:	2019年12月第1次印刷	
书　号:	ISBN 978-7-313-22889-5			
定　价:	59.00元			

序

　　早在原始社会,休闲活动即已萌芽,人们在猎取到足够多猎物之后进行的庆祝活动就是早期的休闲活动。而后出现的赛马、摔跤、狩猎等活动也是休闲活动的主要形式。从古希腊文明对身体之美、动作之灵的崇尚,柏拉图对休闲活动的盛赞,古希腊人葬礼上的体育比赛,到古罗马对强身健体的大众体育活动的重视,再到文艺复兴时期探险活动的盛极一时,休闲活动一直伴随着人类的成长和发展。随着人类文明程度的不断提高、社会发展的不断进步、现代化进程的不断推进,人们工作之余的闲暇时间变得越来越多,人们的注意力也逐渐从衣食住行、柴米油盐转移到对身心健康和休闲方式的选择上来。休闲体育作为健康生活方式的重要组成部分,逐渐走入人们的视野,而其社会价值、社会功用的发现和发挥,也使之受到越来越多学者的关注。

　　休闲体育作为一种概念和研究领域是 20 世纪 70 年代中叶在美国被提出的。随着休闲体育活动在世界各国的普及,对休闲体育的意义、作用的研究不断深入,休闲体育逐渐发展成为一个专门学科。从学科归属来看,休闲体育归属体育学。体育学是研究体育现象及其规律的科学,它的产生汲取了自然科学和人文社会科学等多学科的丰富营养,是一门具有典型的综合性和应用性的交叉学科。休闲体育作为体育学科的下属学科,也具有体育学的基本特征,借鉴和交叉了涵盖教育学、休闲学、社会学等体育领域和其他多种学科的理论和方法。

　　回顾我国的高等体育教育的发展历史,可以追溯到 20 世纪初南京高等师范学校和北京高等师范学校相继成立的体育专修科,这标志着我国现代高等体育教育制度的确立。而随着国家经济社会的不断发展,人民生活水平的日益提高,对美好生活需求日益增长,对高等体育教育也提出更多的要求,当然也提供了更多的发展机遇。休闲体育作为本科专业在《普通高等学校本科专业目录(1998 年)》中以"目录外"专业的身份出现,仅在少数高校试点。而到了《普通高等学校本科专业目录

(2012 年)》，休闲体育专业则成为特设专业。广州体育学院、武汉体育学院、上海体育学院、首都体育学院、沈阳体育学院等 5 所体育院校从 2007 年开始陆续设置休闲体育专业并开始招生，休闲体育高等专业人才的培养正式走进大学校园。休闲体育专业的出现符合社会发展的需要，具有广阔的发展前景。

2016 年对于休闲体育专业的发展是具有里程碑意义的一年。6 月，国务院印发《全民健身计划（2016—2020 年）》，紧接着在 8 月 26 日召开的中共中央政治局会议中，审议通过了具有战略意义的健康指导方针——《"健康中国 2030"规划纲要》，提出将健康教育纳入国民教育体系，把健康教育作为所有教育阶段素质教育的重要内容。健康中国战略的实施，对带动休闲体育专业以及相关产业发展起到了促进作用，同时相关产业服务的需求也将进一步扩大，这也为休闲体育的发展和休闲体育专业人才的培养提供了制度依据、发展方向和就业前景。

在海南，休闲体育也在海南国际旅游岛建设上升为国家战略后迎来了新的纪元。《海南国际旅游岛建设发展规划纲要（2010—2020）》《海南省人民政府关于加快发展体育产业促进体育消费的实施意见（2015 年 8 月）》《海南省人民政府办公厅关于加快发展健身休闲产业的实施意见》等文件明确提出，海南要构建"三中心（海口、三亚、儋州）"辐射带动、"东西南北中"全省联动发展的健身休闲综合产业格局，坚持"水、陆、空"三维空间布局发展休闲体育，全面推进体育与旅游产业融合发展，推动旅游业转型升级，这些政策的实施和落地，将为海南休闲体育的发展带来空前发展的机遇。

可以预见，随着休闲体育消费市场的逐步扩大，对高层次休闲体育人才的需求也将会扩大，对休闲体育人才的素质要求也将越来越高，培养一批具备理论知识和综合管理能力的高素质人才迫在眉睫。高校作为高层次人才培养的主要阵地，是承担休闲体育专业人才培养的主战场，肩负着休闲体育专业人才培养的使命和责任。在这样的背景下开展适应国家战略和海南省需求的休闲体育专业人才培养体系的研究，对于促进优秀休闲体育专业人才培养，解决休闲体育人才相对匮乏的实际问题意义非常。海南省作为"休闲体育"发展的前沿和国家"名片"，将打造国家体育旅游示范区作为今后一段时期的发展目标，而海南省独特的地理环境决定了其开展休闲运动的独特性，开展相应研究对于促进海南省休闲体育专业的良性发展、丰富和完善我国休闲体育专业的课程体系具有重要的理论意义和借鉴价值，这也是本书的研究目的和意义所在。

三亚学院作为三亚市第一所本科院校，创建于 2005 年，由吉利汽车集团出资筹建。2012 年转设为独立设置的民办普通本科高校，2014 年通过教育部本科教学工作合格评估,2015 年被评为全国高校就业工作 50 强,2016 年被评为"全国民办高校创新创业教育示范学校"。建校十四年来,学校秉承学生"走进校园的目的是为了更好地走向社会"的办学使命,聚焦"学生竞争力"战略核心,构建"以学生为中心、以进取者为标榜,以教育情怀为乐趣"的战略支点,致力于建设成为"特色鲜明的高水平应用型民办大学"和"中国民办大学为标杆",培养符合海南经济社会发展、具有创新精神、实践能力、人格健康的应用型创新人才。学校坚持"地方性、应用型"的办学定位,以建设海南国际旅游岛和"大三亚"旅游经济圈的需要为导向,形成了围绕旅游和文化、海洋和汽车、信息与健康产业链发展需要的学科专业体系。学校重点发展服务海南休闲体育、旅游产业的相关专业,改革休闲体育、旅游类专业人才培养模式和培养途径,密切与休闲体育、旅游行业、企业的联系,与国外知名院校合作开展休闲体育、旅游国际化人才培养,所培养的毕业生为海南休闲体育和旅游业做出较大的贡献。学校于 2012 年 9 月创办休闲体育专业并开始招生,填补了海南省休闲体育专业人才培养的空白,学校在休闲体育专业人才的培养方面进行了一定的探索和实践,对于同类院校休闲体育专业人才的培养提供了借鉴。

隋姗姗

2019 年 11 月 8 日

前　言

　　2016 年 8 月 26 日《"健康中国 2030"规划纲要》获得通过,健康教育纳入国民教育体系,"健康中国"上升为国家战略。海南作为我国的热带海岛,其丰富的自然资源,浓郁的民族风情,为发展体育旅游、打造国际体育旅游示范区提供了良好的基础条件。但与不断扩大的市场和人才需求相比,海南休闲体育人才的培养相对滞后,虽然以三亚学院为代表的三所高校先后设置了休闲体育专业,但招生规模、毕业人数仍难与需求匹配。因此,开展适应海南省需求的休闲体育专业人才培养体系的研究具有重要的理论和实践意义。

　　为此,我们在深入研究"健康中国 2030"的基础上,努力探寻休闲体育人才培养的理论基础,挖掘国家战略、政府文件、专业"国标"中的政策依据,梳理海南省休闲体育专业发展存在的问题,指出休闲体育人才培养的机遇和挑战,提出休闲体育人才培养的优化方案,重构休闲体育专业课程体系,从而为推进休闲体育专业建设和课程改革,提高休闲体育专业学生的核心竞争力,解决当前海南省建设国家体育旅游示范区对于休闲体育人才的迫切需求提供参考。本书的研究成果如能为海南休闲体育产业发展、休闲体育人才培养提供一二借鉴,将不胜荣幸。

　　本书是海南省哲学社会科学规划项目(项目名称:"健康中国 2030"背景下海南省高校休闲体育人才培养策略研究,项目编号:HNSK(GJ)19‐17)研究成果之一。

　　本书出版受三亚学院资助,得到三亚学院校领导、体育学院领导、教务处领导和同仁的支持,在此一并表示感谢。本书的写作过程中借鉴了一些学者和专家的研究成果,由于资源限制,未能一一联系,如对成果使用存在异议,请及时与我们取得联系,在此,我们表示诚挚的谢意,也期待与您的交流。鉴于作者的研究领域所限,本书中难免存在一些错误和纰漏,敬请专家指正。

隋姗姗

2019 年 11 月 8 日

目　录

第一章
绪　论

第一节　研究背景与意义

一、研究背景

　　党的十九大报告指出,新时代的社会主要矛盾是人民日益增长的美好生活需要和不平衡不充分的发展之间的矛盾。人的需求是由低层次向高层次不断发展的,随着社会的发展,人们的需求越来越高,越来越多元化,对高层次的物质性、社会性和心理性需要不断增长。2016 年 6 月国务院印发了《全民健身计划(2016—2020 年)》,紧接着在 8 月 26 日召开的中共中央政治局会议中审议通过了具有战略意义的健康指导方针——《"健康中国 2030"规划纲要》(以下简称"纲要"),提出将健康教育纳入国民教育体系,把健康教育作为所有教育阶段素质教育的重要内容,构建相关学科教学与教育活动相结合、课堂教育与课外实践相结合、经常性宣传教育与集中式宣传教育相结合的健康教育模式。为实施健康中国行动,提高全民健康水平,2019 年 7 月 15 日国务院又发布《关于实施健康中国行动的意见》,同时为了保障健康中国行动有效实施,国务院成立健康中国行动推进委员会,制定《健康中国行动组织实施和考核方案》。2019 年 9 月 2 日,国务院办公厅印发《体育强国建设纲要》,指出持续提升体育发展的质量和效益,不断满足人民对美好生活的需要,加快体育人才培养和引进,落实全民健身公共服务体系,助力健康中国建设。

　　在海南省人民政府 2018 年工作报告中,将把海南省建设成为宜居宜业宜游宜养的生态岛、健康岛、长寿岛,为全省人民提供更好的教育、更高水平的医疗服务、更加丰富的精神文化生活,切实增强全省人民获得感、幸福感、安全感作为今后五年的工作目标之一。党中央在 2018 年也进一步决定支持海南全岛建设自由贸易试验区,明确提出支持海南打造国家体育旅游示范区,这使得海南省将在健康教育、体育旅游方面加大建设力度。

二、研究价值和意义

(一)休闲体育人才培养策略的研究能满足当前人们健康追求带来的社会需求

休闲生活方式已成为人们追求健康生活的一部分,而由此带来的社会需求为休闲体育人才的培养提供了一种必要性,培养一批具备理论知识和综合管理能力的高素质人才迫在眉睫,而高校在休闲体育专业人才培养中占有主要地位,在短期内找到适合的休闲体育专业人才培养模式,通过借鉴国外发展国家的先进经验,加快休闲体育专业建设,从而促进休闲体育的发展并满足人才培养的需要。

(二)针对海南省休闲体育专业人才培养的策略研究能解决当前海南省建设国家体育旅游示范区对于相关人才的迫切需求

在国家政策支持下,海南省旅游市场逐渐扩大,休闲体育消费市场也逐步扩大,一方面对休闲体育人才的需求量越来越大,另一方面,对休闲体育人才的素质要求也越来越高。从而开展适应海南省需求的休闲体育专业人才培养体系的研究,促进海南省高等院校尽快培养出大批优秀的休闲体育专业人才,能解决我省休闲体育人才相对匮乏的实际问题,满足休闲时代对休闲人才,特别是休闲体育专业人才的迫切需求,促进我省休闲体育市场的健康快速发展。

(三)适应海南省需求的休闲体育专业人才培养体系的研究对促进海南省休闲体育专业的良性发展以及丰富和完善我国休闲体育专业的课程体系具有重要的理论意义

休闲体育专业在我国还是一个年轻的专业,需要对其进行广泛和深入的研究,同时由于现在社会对人才的要求越来越高、越来越全面,高等院校要想培养出符合需求的休闲体育人才也同样需要构建合理、完备的人才培养体系,提供越来越多种类和门数的课程来满足培养学生各方面才能的需要,海南省的独特地理环境决定了其开展的休闲运动的独特性,因此开展相应研究也具有重要的现实意义。

第二节 研究思路与方法

一、研究目标与思路

本书采用理论研究和实践研究相结合的方法,遵循"文献分析—理论假设—现状探讨—理论建构—原理归结"的逻辑顺序,按照以下思路开展研究:国内外现阶段休闲体育专业人才培养体系的现状及存在问题——海南省休闲体育专业人才培养体系的现状、特点和问题——构建适应海南需求的休闲体育专业人才培养体系——实践构建和总结。

(1)通过查阅相关资料(文献资料、行业报告、数据报告、政府报告等)、访谈、座谈、问卷调查、数据分析等形式,了解、梳理海南省休闲体育及人才培养的现状、发展优势和存在的问题。

(2)研究并提出休闲体育人才培养的目标、规格、培养要求和人才培养课程体系的构建思路。

(3)制定休闲体育人才培养模式改革实施方案,并在所在学校进行实践;提出人才培养的策略和建议,服务海南休闲体育人才培养。

二、主要研究内容

(1)文献述评:对健康中国 2030 和休闲体育人才培养相关研究进行述评,把握国内外研究现状。

(2)休闲体育专业人才培养的背景和理论基础:对健康中国背景、应用型人才培养理论、全国本科教育大会精神、国标精神解读,分析其对体育专业人才培养的影响。

(3)海南休闲体育专业发展面临的机遇与挑战:通过对国家层面和海南休闲体育政策进行分析,探讨海南休闲体育专业发展面临的机遇与挑战。

(4)海南休闲体育行业人才需求研究:分析海南休闲体育资源分布与发展,把握海南休闲体育行业的发展方向;对海南休闲体育行业人才需求进行调查,对人才从业现状、从业满意度、人才需求程度、人才需求规格进行调查。

(5)国标指导下海南休闲体育专业人才培养方案优化研究:对我国休闲体育

专业发展及人才培养现状进行研究,分析海南休闲体育专业人才培养方案存在的问题,对休闲体育本科专业国家教学质量标准的培养要求进行解读,提出海南休闲体育专业人才培养方案优化策略,以三亚学院为案例制订《三亚学院休闲体育专业人才培养方案》,最后探讨了休闲体育专业人才培养方案实施的途径。

(6)国标指导下基于能力培养的休闲体育专业课程体系优化与重构:休闲体育专业课程体系优化与重构的必要性、国标指导下海南休闲体育专业课程体系的问题及优化路径、基于能力培养的休闲体育专业课程体系构建。

(7)海南休闲体育专业课程改革:基于行业标准的休闲体育专业术科课程教学改革研究、课程"三度"改革及金课建设、休闲体育专业入门指导课程的建设、休闲体育创业实践课程建设。

(8)海南休闲体育专业学生核心竞争力培养:大学生核心竞争力内涵、休闲体育专业学生核心竞争力的构成及提升策略。

(9)海南休闲体育专业人才培养师资保障条件:海南休闲体育专业师资规模与结构现状、休闲体育教师专业能力的构成、休闲体育教师专业能力发展策略。

三、研究方法

本书拟通过文献资料法、调查研究法、数理统计法、归纳分析法进行调查研究。

(一) 文献资料法

通过对中国知网等相关数据库搜集并整理相关的文献和理论著作、期刊、报纸等资料,对已有的研究成果进行分析和借鉴。

(二) 调查研究法

根据本书所要研究内容的要求,通过借鉴相关的理论、实践研究,设计问卷并进行问卷的发放与回收;在此基础上,对海南省开设休闲体育专业高校的相关领域中有权威的专家和教师进一步访谈,了解专家对休闲体育专业建设中存在的不足,并对专家提出的建议进行整理。

(三) 数理统计法

对有效问卷进行数据整理并且对整理完整的数据总结归纳,并运用 Excel 软件对所得的数据进一步分析统计,为本书提供依据。

（四）归纳分析法

对统计的资料结果进行归纳分析，结合调查资料进行分类与整理，对所研究的问题运用归纳、演绎等方法进行逻辑分析，提出自己的理解。

第三节 研究的创新点

（1）通过对各类文献的分析研究发现，国内外学者就休闲体育人才培养方面的研究主要集中在培养目标、人才培养模式的演变以及培养方案的现状上，休闲体育专业人才培养模式的研究较一般人才培养模式还不够深入。本书主要从社会需求、培养目标、培养规格、课程设置和培养方式五个方面进行系统、深入的研究，为促进海南省休闲体育专业的良性发展以及丰富和完善我国休闲体育专业的课程体系提供重要的理论支撑。

（2）国内外学者对于在当前"健康中国"背景下能符合海南国际旅游岛建设、国家体育旅游示范区建设需求的休闲体育人才培养的研究基本没有涉及。这也为本书预留了较为广阔的研究空间。

（3）在应用型本科人才培养理论背景下，以全国本科教育大会精神和《普通高等学校本科专业类教学质量国家标准》精神对海南休闲体育专业人才培养进行审视，结合海南休闲体育行业的实践发展，解决和完善海南休闲体育人才培养中存在的问题。

（4）在实践上，以三亚学院（海南设置休闲体育专业最早的高校）的休闲体育专业建设发展为进行个案分析。

第二章

文献述评

第一节　健康中国 2030 研究述评

一、健康中国提出的背景

　　健康中国是十九大报告中提出的发展战略,人民健康是民族昌盛和国家富强的重要标志,要完善国民健康政策,为人民群众提供全方位全周期的健康服务。改革开放以来,我国的健康卫生事业有了长足的发展,人民的生活水平、医疗卫生水平逐步改善和提升。随着经济的飞速发展,城镇化、老龄化进程加快,我国居民的生活方式也在不断发生着变化,人口居住集中,出行交通便利,生活购物智能化。"富贵病"已经成为我国居民面临的一个严重的健康问题。健身锻炼意识薄弱、肥胖问题、"三高"问题等日渐凸显。居民健康知识知晓率偏低,吸烟、过量饮酒、不合理膳食等不健康生活方式比较普遍,由此引起的疾病问题日益突出。为推进健康中国建设,提升我国居民健康水平,2019 年 7 月 15 日国务院发布《关于实施健康中国行动的意见》,成立健康中国行动推进委员会,制定《健康中国行动组织实施和考核方案》。

二、健康中国研究的主要方面

(一) 健康中国 2030 对全民健身的影响

　　田媛等人通过厘清全民健身与健康中国建设的关联,指出其中存在的主要问题：全民健身事业存在重视宏观政策,具体问题针对性不足;共治理念突出,建设方案欠缺;大健康观缺乏,体医融合不够;法制建设构建不足等问题。单菁菁在对健康中国的现状、问题和对策的研究中认为健康中国基础良好,但医疗和卫生事业发展滞后,居民的健康素质和生活质量有待提升,贫富差距大、环境污染严重等社会问题。李萍等人认为"全民健身生活化"是实现全民健康、建设健康中国的重要途径,也是推动经济社会发展进步的重要手段。周碎平从全民健身是健康中国战略的构成体系出发,认为全民健身应与全民健康深度融合,健身运动与健康生活方式有机融合,体育的健康服务功能将得到更充分的发挥和释放。陈丽妹在对福建城市社区老年人体育活动现状的调查研究中发现,老年人犯病率高、健康意识较强、参与体育活动的积极性高,但社区内专业社会体育指导员短缺、老年人健身知识匮乏,锻炼场地设施有限,家人对老年人健身的陪伴不足。于永慧指出传统的评价指标较多考虑体育设施、体育协会、社会体育指导员、全民健身活动等数量增长指标,忽视了体育权利的保障、弱势群体的关怀、社会阶层之间的融合、健康生活方式的形成等发展性指标;国家层面应考虑如何满足民众日益增长的健康需求,创建社会和市场共同参与的公共服务治理机制。彭国华等人在对农村公共体育服务的研究中认为,提升农村体育服务的财政保障能力,深化服务方式改革、完善服务决策机制、加强服务制度建设,从财务、制度上提升农村公共体育服务的发展。王松等人对健康中国引领下全民健身国家战略实现路径进行研究,提出以健康中国为理念深化体育管理体制改革,以全民健康为目标推动全民健身治理体系的现代化,推动健康产业与全民健身产业协同发展,促进医疗卫生与全民健身深度融合。

(二) 健康中国 2030 对学校体育的影响

学校是培养优秀人才的重要阵地,健康中国战略的提出给学校体育教学提出了更高的要求。黄道名等人认为在学校、家庭、社会环境的交互影响下,学校体育教学改革效果不尽如人意,因此,以"健康中国 2030"为背景针对性提出学校体育发展的新路径,以促进学校体育教学改革。姚远等人以学校篮球场地为研究个案,对我国学校体育场地对社会开放的过程中出现的供需失衡问题进行深入分析,以"健康中国 2030"的"共建共享,全民健康"的战略主题依据,提出科学创新的改革路径,从而提高学校篮球场地的开放效率,为我国学校体育场地对社会开放应用于全民健身战略提供借鉴和启示,从而助力"健康中国"战略的顺利实施。李岳松认为,在健康中国的背景下,高校落实"健康中国 2030"的效果不理想,高校公共体育教师定期进行健康素质培训的落实情况不佳,并且缺少新兴体育运动项目教师。

毛振明、梁凤波等人对《"健康中国 2030"规划纲要》系列研究中提出的目标进行全面梳理与分析,发现目标在实施过程中困难重重,必须精准地对上述诸多困难和阻力源进行分析,促进学校体育改革。

(三)"健康中国 2030"对人才培养的影响

人才是健康中国建设的基础。王琦认为我国对运动康复专业人才需求量较大,但当前运动康复专业人才培养还存在诸多不足,因此,应该在健康中国的背景趋势下,增加运动康复专业人才投入力度,改进学科结构,重视学科交叉与融合。段丽萍等人通过北京大学临床医学博士研究生培养体系、建立高层次全科医学应用型人才培养体系等方面等实践认为,在培养医疗健康应用型人才的过程中应重视顶层设计,完善制度建设,重视全责明晰,完善管理模式,重视高质量评价,完善评估机制。侯宇认为在健康中国的背景下,体育专业人才培养的模式应有所改变,应从培养专业型人才向培养复合型、应用型人才过渡。同时在课程设置方面应主动改革以适应国家战略;学校应积极搭建产学研协同创新平台,建设校企合作和体医合作项目,实现信息共享。

(四)健康中国相关政策研究

发达国家的健康政策和我国成功实施的国家战略经验都将为"健康中国 2030"提供参考。彭国强等人通过对美国国家健康战略特征分析,建议中国在落实"健康中国 2030"中要注重发挥国家不同部门和组织间的统筹与协作;把身体活动与健康促进作为国家健康战略的重要指标;强调健康公平,注重社区健康。吕和武和吴贻刚通过对国美精明增长理论与美国公共健康研究,提出借鉴美国的精明增长理论丰富健康中国的发展思路;重新认知建成环境促进公共健康的前瞻性作用,并将之纳入健康中国规划;以精明增长理论为指导,统筹规划建成环境,为全面实现健康中国另辟蹊径;构建建成环境支持健康中国建设的社会网络体系等四点启示。曹振波、陈佩杰等从对部分发达国家体育健康政策的研究发现,以公众健康为中心,注重多方位、多层级、多维度考虑,依据循证医学证据加强政策制定的科学性,通过立法有力保障体育健康政策的法律地位;我国体育健康政策应改变体育发展重心,加大大众体育的经费投入,政府和卫生、体育、城建等各个部门相互配合,共同制定和执行体育健康政策,实现体育健康医疗体系一体化发展。王一然从奥运争光计划到健康中国战略视觉,分析社会发展决定体育的发展,体育发展同时也对社会发展有独特的促进作用,群众体育是推动体育产业发展的催化剂和人们主动追求健康的重要手段。柳鸣毅、王梅等在"健康中国 2030"的背景下,分析国内外青少年公共体育政策法规,提出构建青少年健康促进、组织创建、活动组织、项目布局为主要内容的体育公共治理体系,发挥政府"元治理"的整合效益,创新组织社会治理的基层性特色,培育青少年体育健康市场产业链将成为新时代背景下青少年体育事业发展的主要方向。骆映、邓婧等主张城市居住小区划拨体育用地应该以"划拨"为主要方式实现有效供给,认为"建老百姓身边场地"实质是土地资源多方利益的博弈,不用专项立法不足以规制,从立法上保障体育社区居民体育场地是实施健康中国战略的有效路径。

三、健康中国 2030 与体育专业人才培养

《"健康中国 2030"规划纲要》的正式发布,为学校体育教学改革注入动力,为体育专业人才培养提供新的方向。《纲要》作为未来推进健康中国建设的宏伟蓝图和行动纲领,多次提到体育专业人才对健康中国建成的重要性,可见《纲要》对学校体育教学改革和体育专业人才培养具有很强的理论意义和实践意义。

理论意义:学科的建设发展离不开国家政策的支持,而《"健康中国 2030"规划纲要》的发布,正好为体育专业改革和体育人才培养提供政策支持。从人才培养、资金投入、场地设施、科研仪器等方面加大投入力度,从人、财、物等多方位保障健康产业学科建设。体育学、医学、建筑学等多学科交叉建设,政策导向加强体医结合,为全民健康提供全方位理论服务。

实践意义:根据健康中国战略文件,制定学科建设目标,根据需要培养应用型人才,培养学生和就业需求相结合,促进学生就业,从专业设置、课程设置等方面应对政策。健康中国战略各项文件政策的出台为体育、健康服务、医学康复等学科专业的学生提供了就业契机。

综上所述,《"健康中国 2030"规划纲要》的发布,为维护人民健康奠定坚实基础,人民对健康有关的产业服务需求将进一步扩大,对带动体育专业、医学专业、健康专业以及相关产业发展起到了促进作用,体育人才培养需要及时做出动态调整。

第二节　休闲体育人才培养研究述评

一、国内研究综述

（一）休闲体育的研究

国内学者对休闲体育的定义分为以下两种。

从目的论定义休闲体育概念。曹莉认为，休闲体育是以身心的健康、具有文娱特征及具有消遣功能等目标而积极主动地在余暇时间内进行的自身活动。王甡、司亮、王喆认为，休闲体育是以交往为目的，采用不同的交往形式及交往方法，是空余时间里不同形式、内容的自身娱乐。于可红和梁若雯认为，休闲体育是在个人闲暇时间内，以不同的自身活动形式为方式，作为论述最佳心理体验为目标的一种现代生活形式。此种生活形式并不受限于活动所具有的严格规则，而是经过内心在体验时的内在追求，从而达到精神和肉体上都能够休息、放松和自我享受的一种状态。

从方式论定义休闲体育概念。卢锋认为，进行休闲体育前提条件是人们所在的社会生活环境具有并自我拥有一定程度的自由性，休闲体育是根据自己意志所选择并从事的具有不同状态的体育活动的统称。休闲体育作为体育在社会上的一种现象，也是体育在社会上存在的一种形态，是社会休闲活动中主要的方式之一。

（二）休闲体育专业人才培养的研究

我国关于休闲体育专业的研究已经进入一个快速发展时期，不同的专家学者从各自的角度、层次对休闲体育专业建设都有其独特的见解，提出了各自的观点。研究的内容主要涉及休闲体育专业课程设置、休闲体育专业建设、休闲体育专业人才培养模式等。结果表明，学者们对休闲体育专业主要从以下几个方面进行了探讨。

第一，关于休闲体育专业人才培养类型的研究。在休闲体育专业人才培养类型上，有的学者认为休闲体育专业应该培养应用型人才，例如，陈琉认为休闲体育专业应强调应用型人才的培养，应注重培养学生的综合能力，并侧重于实践性和应用性。有的学者认为应培养复合型人才，例如，金银日等人认为休闲体育的特征决定了休闲体育专业人才的培养应该遵循通识教育的人才培养模式,也可以称为创新教育、复合型人才培养模式、素质教育等。还有的学者认为是复合应用型人才,例如,李相如认为,休闲体育专业人才的基本定位应该是培养了解休闲业和休闲体育业整个产业链中的各个环节,掌握休闲业和休闲体育业未来发展的基本方向,具有必要理论知识和较强实践能力的复合型应用人才。

第二,关于休闲体育专业课程设置的研究。研究者们认为,休闲体育专业课程设置既要立足本国本地实情,又要放眼国际发展趋势,要以市场为导向,选择实用、时尚的体育项目纳入课程,加强课程之间的内在联系,促使参与者生成自身对休闲的理解,构建自己的精神世界。曾思麟、刘永光运用知识结构的模式动态网络结构指出,休闲体育专业知识结构的模式也可构建为一种动态的网络结构,并论述了休闲体育人才的知识结构与课程设置之间的关系。曹士云认为,休闲体育专业的课程体系建设应着眼于学生知识结构和实践能力结构的优化,要建立以社会需求、学科体系、学生发展为三大支柱的课程体系基本框架,构建适合休闲体育专业发展所需的课程体系。赵栩博等人认为,应从现代、后现代课程观融合的视角对休闲体育专业课程进行设置。在现代和后现代课程观融合的视角下,休闲体育课程既要考虑社会的需求,又要考虑如何促使学生更深刻地理解休闲体育的内涵,进行休闲回归。曹平、谭希颖、王桂红等人参照美国休闲课程认证标准,指出我国休闲专业存在课程结构不合理、课程设置依附性强、课程内容滞后等问题。他们建议国家的行政主管部门应成立专门的机构以建立一个有效的课程体系标准,相关院校应成立专门的机构开展休闲和休闲体育具体的研究,加强学术交流,推动休闲体育教育的发展。

第三,关于体育院校休闲体育专业开设情况的研究。一些学者以分析体育院校休闲体育专业的开设现状为基点进行了休闲体育专业建设的研究,例如,金银日、李学武、卫志强对开设休闲体育专业的体育院校的休闲体育人才培养现状进行了调查分析,并研究了各体育院校休闲体育人才的培养目标定位、学科设置、课程体系和教学过程等。该研究认为,在通识教育人才培养模式下,强化市场导向的人才培养目标和专业特色创新是休闲体育专业发展的方向。郭修金在对我国高等体育院校休闲体育专业培养方案进行分析后认为,休闲体育建设应科学定位培养目标、合理设置专业课程、精心设置专业方向、充分优化师资结构,不断提升专业水平,进而提升休闲体育专业人才培养的质量。黄天宇、冯岩研究了我国体育院校开设休闲体育专业的现状,对存在的学科名称、学科归属、专业方向、课程设置、教师资源等方面的问题进行了分析,提出了统一规范休闲体育学科的名称、确定学科归属、明确专业方向、合理设置课程、加强教师队伍建设等发展对策。

二、国外研究综述

国外对休闲体育的相关研究开展的较早,相对来说,研究水平也比我们高很多。早在 20 世纪 50 年代这些发达国家就开始休闲学或休闲教育方面的深入研究,并且逐渐把这方面的教育对大众群体进行普及。在一些西方国家,休闲体育已经进入正规的学科体系中。在美国,体育、卫生、健康、娱乐等被认为是密切相关的领域,有几百所大学设立体育、健康、娱乐学院,下设休闲健康系、健康娱乐系、休闲娱乐系,进行休闲、娱乐、体育方面人才的专门培养。

《体育教育引论》中明确指出休闲体育所承担的责任:①获得良好的健康状况和身体能力;②培养终身消遣兴趣;③传授各种消遣技术;④保护学生发挥才能的创造力;⑤培养良好的体育道德风尚;⑥鼓励正当的消遣娱乐观点;⑦传播各国人民的消遣活动方式。国际休闲活动协会于 1957 年在美国费城对现代休闲活动明确定义为其是有益于健康、幸福、生活能力以及大众化的活动。

日本休闲体育振兴协会认为,不管什么体育运动项目,只要把它作为一种休闲体育运动,从而达到欢欣鼓舞、身心快乐、心情开朗、消除疲劳等休闲体育的目的时,都可以称为休闲体育。也有学者习惯把体育休闲娱乐活动称为运动休闲,认为休闲运动有两类,一类是动态的,一类是静态的。动态的休闲活动就是休闲运动。还有学者将休闲体育定义为在可自由支配的时间,依据自己的喜好、能力、所选择参与具有建设性且有益于身体、心理发展的各种室内或室外之动态性休闲活动。联合国《国际休闲宪章》认为休闲时间为个人完成工作和满足生活要求之后,完全由他本人自己支配的一段时间;这段时间是极其重要的,消遣和娱乐为补偿当代生活方式中人们的许多要求创造条件,更为重要的是它通过身体放松、竞技、欣赏艺术、科学和大自然,为丰富生活提供了可能性;无论在城市和农村,消遣都是重要的,消遣为人提供了激发基本才能的变化条件,消遣时间是一种自由时间,但在这个时间里,人们能掌握任何作为社会有意义成员的价值。

综上所述,兴趣爱好、健康娱乐、身体体验、心理感受等特征是学者们界定休闲体育的主要出发点,但看起来显得零散而不具体,并且缺乏必要的深度和广度。

第三章
休闲体育专业人才培养的背景和理论基础

第一节　健康中国背景

党的十八届五中全会做出了推进健康中国建设的重大决策,提出了建设健康中国的发展目标;2016 年 10 月中共中央和国务院发布《"健康中国 2030"规划纲要》,正式将健康中国建设上升为国家战略。健康是促进人的全面发展的必然要求,是经济社会发展的基础条件,是国家富强、民族振兴的重要标志。习近平总书记更是深刻指出:"没有全民健康,就没有全面小康",强调推进健康中国建设是实现中国两个百年目标的重要基础和组成部分,要求把人民健康放在优先发展的地位,加快推进健康中国建设。

党的十九大做出实施健康中国战略的重大决策部署,强调坚持预防为主,倡导健康文明生活方式,预防控制重大疾病。并且强调了健康对中华民族的基石作用:人民健康是民族昌盛和国家富强的重要标志,要求为人民群众提供全方位全周期健康服务。

为加快推动从以治病为中心转变为以人民健康为中心,动员全社会落实预防为主方针,实施健康中国行动,提高全民健康水平,2019 年 7 月 15 日国务院又发布《关于实施健康中国行动的意见》,提出了具体目标和任务。为贯彻落实《"健康中国 2030"规划纲要》和《国务院关于实施健康中国行动的意见》,完善健康中国建设推进协调机制,保障健康中国行动有效实施,国务院制定《健康中国行动组织实施和考核方案》,成立健康中国行动推进委员会,制订了详细的健康中国行动考核指标框架。

从健康中国战略来看,全民健康是建设健康中国的根本目的:人民健康是党中央一直关切的重要问题,人民健康与否与人们的美好生活息息相关。促进健康的理念发生变化、手段前移,强调预防是最经济最有效的健康策略。实施健康中国需要统筹社会、行业和个人三个层面,形成维护和促进健康的强大合力。中国健康事业不会一蹴而就,健康中国的建设目标需要短期考核与长期建设相结合。推进健康中国建设,还需要推动健康服务供给侧结构性改革,从供给侧和需求侧两端发力,体育等行业要主动适应人民健康需求,推动健康产业转型升级,满足人民群众不断增长的健康需求。从促进健康的手段来看,提高全民健康素养,引导全民形成健康的生活方式;提高全民身体素质:完善全民健身公共服务体系、广泛开展全民健身运动、加强体医融合和非医疗健康干预、促进重点人群体育活动。

健康中国战略的实施,为维护人民健康奠定坚实基础,消费结构升级将为发展健康服务创造广阔空间,对带动体育专业、医学专业、健康专业以及相关产业发展起到了促进作用,同时让全社会更加重视健康,更加关注健康,人民对的健康有关的产业服务需求将进一步扩大,为了不断满足人们对健康的美好生活需要,相关产业和相关专业需要及时地做出调整。

第二节   应用型人才培养理论

一、应用型人才培养迫在眉睫

2015 年 11 月 6 日,国家出台了《关于引导部分地方普通本科高校向应用型转变的指导意见》(以下简称《指导意见》)。《指导意见》指出,随着经济发展进入新常态,高等教育结构性矛盾更加突出,同质化倾向严重,毕业生就业难和就业质量低的问题仍未有效缓解,生产服务一线紧缺的应用型、复合型、创新型人才培养机制尚未完全建立,人才培养结构和质量尚不适应经济结构调整和产业升级的要求。转型发展的主要任务是明确类型定位和转型路径。确立应用型的类型定位和培养应用型技术技能型人才的职责使命,以产教融合、校企合作为突破口,根据所服务区域、行业的发展需求,找准切入点、创新点、增长点,制定改革的时间表、路线图。加快融入区域经济社会发展。建立合作关系,使转型高校更好地与当地创新要素资源对接,与经济开发区、产业聚集区创新发展对接,与行业企业人才培养和技术创新需求对接。积极争取地方政府、行业企业支持。加快建立人才培养、科技服务、技术创新、万众创业的一体化发展机制。抓住新产业、新业态和新技术发展机遇。以服务新产业、新业态、新技术为突破口,形成一批服务产业转型升级和先进技术转移应用特色鲜明的应用技术型大学。建立行业企业合作发展平台；建立学校、地方、行业、企业和社区共同参与的合作办学、合作治理机制；建立紧密对接产业链、创新链的专业体系。

2016年11月28日，海南省教育厅、海南省发展和改革委员会、海南省财政厅、海南省人力资源和社会保障厅《关于推动本科高校向应用型转变的实施意见》（琼教高〔2016〕215号）文件，转型一批符合我省十二大重点产业发展亟需的应用型本科专业，并提出重构能力导向的课程体系，提高课程设置与社会需求的适应性，全面提高人才培养的岗位匹配度。在此背景下，培养高素质应用型人才，为海南经济社会发展服务就成为地方本科院校的必然选择。而高素质应用型人才的培养必须依托科学、合理的课程体系。地方本科院校课程体系建构是否科学、合理，对其能否实现高素质应用型人才培养目标具有决定性的意义。

二、应用型人才培养的特征

（一）应用型人才培养重在学生应用能力的培养

应用型人才是指能将专业知识和技能应用于所从事的专业社会实践的一种专门的人才类型，是熟练掌握社会生产或社会活动一线的基础知识和基本技能，主要从事一线生产的技术或专业人才。因此，应用型人才培养重在学生应用能力的培养。要求专业紧密结合地方特色，注重学生实践能力，培养应用型人才，从教学体系建设体现"应用"二字，其核心环节是实践教学。

（二）应用型人才培养以"能力导向"设置课程

能力导向就是知识应用导向，即以解决实际问题需要哪些知识和能力为出发点，设计课程体系。其核心是基础知识适用，专业基础知识管用，专业核心知识会用。除了必备的工具性知识和相关基础知识之外，不追求知识结构的完整性，更看重知识应用的针对性，关键是掌握专业核心知识和能力，去解决休闲体育发展中面临的实际问题。

（三）应用型人才培养要落实"四个引入"

引入职业资格标准修订人才培养目标；引入产业行业标准修订人才培养方案；引入企业核心技术重构专业课程体系；引入社会各类机构参与人才培养过程。

（四）应用型人才培养强调合作育人

应用型人才培养遵循的是"开放式"人才培养模式。即在校企双方努力下，以项目为纽带，通过校企双方深度融合，产学研合作育人来实现，其教学采用"课堂＋现场"的教学方法。通过完成实际的项目，在解决实际问题过程中，获得知识应用能力。其教学组织形式为班级教学与项目小组相结合。

第三节　全国本科教育大会精神

2018年6月，教育部召开了《新时代全国高等学校本科教育工作会议》，2018年8月，教育部发布《关于狠抓新时代全国高等学校本科教育工作会议精神落实的通知》（教高函〔2018〕8号），会议指出本科阶段是学生世界观、人生观、价值观形成的关键阶段，必须充分认识本科教育在人才培养中的核心地位、在教育教学中的基础地位、新时代教育发展的前沿地位，本科教育是提高高等教育质量的最重要基础。

会议要求加强专业动态调整机制，专业主动对接经济社会发展需求，优化专业结构，完善课程体系，更新教学内容，改进教学方法，切实提高高校人才培养的目标达成度、社会适应度、条件保障度、质保有效度和结果满意度。深化创新创业教育改革。把深化高校创新创业教育改革作为推进高等教育综合改革的突破口，面向全体、分类施教、结合专业、强化实践，促进学生全面发展。

会议要求严格本科教育教学过程管理。一要加强课堂教学管理。把课堂教学建设强起来、把课堂教学质量提起来。二要加强学习过程管理。各高校要全面梳理各门课程的教学内容，淘汰"水课"、打造"金课"，合理提升学业挑战度、增加课程难度、拓展课程深度，切实提高课程教学质量。要结合办学实际修订本科人才培养方案，切实把本科教育工作会议的精神、要求落实到学校人才培养各项工作、各个环节中。要切实加强学习过程考核，加大过程考核成绩在课程总成绩中的比重，严格考试纪律、严把毕业出口关，坚决取消"清考"制度。切实提高毕业论文（设计）质量。

第四节　《普通高等学校本科专业类教学质量国家标准》精神

为建立健全教育质量保障体系，教育部高等教育司委托92个高等学校教学指导委员会研究制定了《普通高等学校本科专业类教学质量国家标准》(以下简称《国标》)。该标准于 2018 年 1 月 30 日发布。《国标》涵盖了普通高等学校本科专业目录中全部 92 个本科专业类,包括全部 587 个本科专业、涉及全国高校 56 000 多个专业布点。本标准依据《普通高等学校本科专业目录(2012 年)》,以专业类为单位研制,明确了适用专业、培养目标、培养规格、课程体系、师资队伍、教学条件、质量保障等方面要求,是各专业应该达到的质量标准,是设置本科专业、指导专业建设、评价专业教学质量的基本依据。

《国标》在课程设置上体现了原则性和灵活性,原则性就是"规定动作"和基本底线,能保证基本教学要求,保证基本教学质量;灵活性就是"自选动作"和拓展空间,有利于各校根据地方发展实际情况树立自身特色。因此,课程设置首先要保证课程体系的规范性,同时还要保持地方课程的特色性。

教育部在《关于实施普通高等学校本科专业类教学质量国家标准的通知》要求各地、各相关行业部门要根据《国标》研究制定人才培养标准;各高校要根据《国标》修订人才培养方案,培养高质量、多样化的人才。

第四章

海南休闲体育专业发展面临的机遇与挑战

第一节　国家层面的休闲体育政策及分析

近年来,随着带薪休假制度的落实,人民群众对生活性服务消费的需求不断增大。国家不断优化产业结构、调整产业方向,提出供给侧改革,积极引导新消费需求。以此加快推动产业转型升级、实现经济提质增效,更好地满足居民消费需求、提高人民生活质量的内在要求。同时对体育产业的发展提出了新的要求,在已发的国字号文件中(见表 4.1),都不约而同地提出了大力发展健身休闲,而且体育产业与其他产业(如旅游产业)的不断融合升级,为休闲体育的发展带来空前发展的机遇,市场对高层次的休闲体育人才的需求也将会扩大。

表 4.1　近年来我国体育产业发展相关政策

序号	文件	颁布时间	主要内容和要点
1	《国民旅游休闲纲要（2013—2020 年）》(国办发〔2013〕10 号)	2013 年 2 月 2 日	提出国民旅游休闲发展目标:到 2020 年,职工带薪休假制度基本得到落实,城乡居民旅游休闲消费水平大幅增长,国民休闲质量显著提高,与小康社会相适应的现代国民旅游休闲体系基本形成。纲要重点体现了提倡绿色旅游休闲理念、保障国民旅游休闲时间、鼓励国民旅游休闲消费、丰富国民旅游休闲产品、提升国民旅游休闲品质等五大亮点。
2	《国务院关于加快发展体育产业促进体育消费的若干意见》(国发〔2014〕46 号)	2014 年 10 月 20 日	到 2025 年,基本建立布局合理、功能完善、门类齐全的体育产业体系,体育产品和服务更加丰富,消费需求愈加旺盛,健身休闲、竞赛表演、场馆服务、中介培训、体育用品制造与销售等体育产业各门类协同发展,对其他产业带动作用明显提升。体育产品和服务层次更加多样,供给充足。群众体育健身和消费意识显著增强,人均体育消费支出明显提高,经常参加体育锻炼人数达到 5 亿,体育产业总规模超过 5 万亿元。

（续表）

序号	文件	颁布时间	主要内容和要点
3	《体育总局关于推进体育赛事审批制度改革的若干意见》（体政字〔2014〕124号）	2014年12月24日	为贯彻党中央、国务院加快转变政府职能、深化行政体制改革的重大决策，落实《国务院关于加快发展体育产业促进体育消费的若干意见》（国发〔2014〕46号），鼓励社会力量参与体育事业，充分调动社会各方面组织和承办体育赛事的积极性，按照深化改革的精神和创新行政管理方式的要求，进一步简政放权，现就体育赛事审批制度改革，提出以下指导意见，全面推进体育赛事审批制度改革，打破社会力量组织、承办体育赛事的制度壁垒。规范全国性单项体育协会的服务收费，破除利益固化的藩篱。充分调动社会多方面的积极性，建立办赛主体多元化的体育赛事体系。发挥体育赛事的积极作用，宣传推广全民健身，发现和培养高水平竞技人才，繁荣体育竞赛市场，促进体育产业发展。
4	《国务院办公厅关于进一步促进旅游投资和消费的若干意见》（国办发〔2015〕62号）	2015年8月11日	大力开发休闲度假旅游产品。鼓励社会资本大力开发温泉、滑雪、滨海、海岛、山地、养生等休闲度假旅游产品。重点依托现有旅游设施和旅游资源，建设一批高水平旅游度假产品和满足多层次多样化休闲度假需求的国民度假地。
5	《国务院办公厅关于加快发展生活性服务业促进消费结构升级的指导意见》（国发〔2015〕85号）	2015年11月22日	围绕人民群众对生活性服务的普遍关注和迫切期待，着力解决供给、需求、质量方面存在的突出矛盾和问题，推动生活性服务业便利化、精细化、品质化发展，不断增加服务有效供给、扩大服务消费需求、提升服务质量水平。与体育结合紧密的三个方面： 健康服务。鼓励发展健康体检、健康咨询、健康文化、健康旅游、体育健身等多样化健康服务。 旅游服务。以游客需求为导向，丰富旅游产品，改善市场环境，推动旅游服务向观光、休闲、度假并重转变，提升旅游文化内涵和附加值。进一步推动集观光、度假、休闲、娱乐、海上运动于一体的滨海旅游和海岛旅游。推动体育运动、竞赛表演、健身休闲与旅游活动融合发展。 体育服务。重点培育健身休闲、竞赛表演、场馆服务、中介培训等体育服务业，促进康体结合，推动体育旅游、体育传媒、体育会展等相关业态融合发展。大力普及健身跑、自行车、登山等运动项目，带动大众化体育运动发展。完善健身教练、体育经纪人等职业标准和管理规范，加强行业自律。推动专业赛事发展，丰富业余赛事，探索完善赛事市场开发和运作模式，实施品牌战略，打造一批国际性、区域性品牌赛事。

（续表）

序号	文件	颁布时间	主要内容和要点
6	《国务院关于积极发挥新消费引领作用加快培育形成新供给新动力的指导意见》（国办发〔2015〕66号）	2015年11月23日	消费升级重点领域和方向——服务消费：职业技能培训、文化艺术培训等教育培训消费，健康管理、体育健身、高端医疗、生物医药等健康消费。
7	《关于印发促进消费带动转型升级行动方案的通知》（发改综合〔2016〕832号）	2016年4月15日	按照国务院有关部署，《方案》围绕十个主攻方向，出台实施"十大扩消费行动"。"十大扩消费行动"主要聚焦了新兴服务行业领域。其中体育健身消费扩容行动也被列入其中。第八条"体育健身消费扩容行动"部分提到，"在落实好吸引社会资本参与体育事业发展的同时，进一步盘活体育场馆资源、丰富体育赛事活动，激发并满足居民对体育消费的需求。"《方案》就完善赛事运营市场竞争机制、充分盘活体育场馆资源工作提出具体要求。丰富春节、"五一""十一"等节假日体育赛事活动，安排重量级、大型体育赛事。
8	《体育发展"十三五"规划》	2016年5月5日	《体育发展"十三五"规划》让体育走进人们生活。体育产业规模和质量不断提升，体育消费水平明显提高。到2020年，全国体育产业总规模超过3万亿元，体育产业增加值的年均增长速度明显快于同期经济增长速度，在国内生产总值中的比重达到1%，体育服务业增加值占比超过30%。体育消费额占人均居民可支配收入比例超过2.5%。
9	《"健康中国2030"规划纲要》	2016年10月25日	健康是促进人的全面发展的必然要求，是经济社会发展的基础条件。实现国民健康长寿，是国家富强、民族振兴的重要标志，也是全国各族人民的共同愿望。工业化、城镇化、人口老龄化、生态环境及生活方式变化等，也给维护和促进健康带来一系列新的挑战，健康服务供给总体不足与需求不断增长之间的矛盾依然突出，健康领域发展与经济社会发展的协调性有待增强，需要从国家战略层面统筹解决关系健康的重大和长远问题。推进健康中国建设，是全面建成小康社会、基本实现社会主义现代化的重要基础，是全面提升中华民族健康素质、实现人民健康与经济社会协调发展的国家战略。"共建共享、全民健康"是建设健康中国的战略主题。普及健康生活：加强健康教育，提高全民健康素养；提高全民身体素质、完善全民健身公共服务体系、广泛开展全民健身运动、促进重点人群体育活动、加强体医融合和非医疗健康干预、促进重点人群体育活动、加强重点人群健康服务、促进健康老龄化。

（续表）

序号	文件	颁布时间	主要内容和要点
10	《国务院办公厅关于加快发展健身休闲产业的指导意见》（国办发〔2016〕77号）	2016年10月28日	加快发展健身休闲产业是推动体育产业向纵深发展的强劲引擎，是增强人民体质、实现全民健身与全民健康深度融合的必然要求，是建设"健康中国"的重要内容，对挖掘和释放消费潜力、保障和改善民生、培育新的经济增长点、增强经济增长新动能具有重要意义。要坚持"市场主导、创新驱动，转变职能、优化环境，分类推进、融合发展，重点突破、力求实效"的原则，推进健身休闲产业供给侧结构性改革，提高发展质量和效益，培育壮大各类市场主体，丰富产品和服务供给，不断满足大众多层次多样化的健身休闲需求，到2025年，基本形成布局合理、功能完善、门类齐全的健身休闲产业发展格局，产业总规模达到3万亿元。 针对健身休闲产业发展现状和问题，《意见》提出了六个方面的主要任务和政策举措。一是完善健身休闲服务体系。推广普及日常健身，发展冰雪、山地、水上、航空、汽车摩托车等户外运动，发展时尚、民族等特色运动，促进产业互动融合，推动"互联网＋健身休闲"。二是培育健身休闲市场主体。支持各类健身休闲企业发展，壮大体育社会组织，鼓励创业创新。三是优化健身休闲产业结构和布局。提升服务业比重，改善健身休闲产业结构，支持各地打造各具特色的健身休闲产业。四是加强健身休闲设施建设。完善健身休闲基础设施网络，盘活用好现有体育场馆资源，加强特色健身休闲设施建设。五是提升健身休闲器材装备研发制造能力。增强自主创新能力，加强品牌建设，推动产业实现转型升级。六是改善健身休闲消费环境。深挖消费潜力，完善消费政策，引导健康消费理念。
11	体育总局、国家发展改革委、水利部等9部门联合印发《水上运动产业发展规划》	2016年11月25日	《规划》提出基本形成组织机构完善、管理制度健全、俱乐部布局合理、产业带动明显、赛事活动成熟和群众基础坚实的水上运动健身休闲环境，以及到2020年推动水上运动产业总规模达到3000亿元，水上运动俱乐部达到1000个等发展目标。并从加强运动设施建设、丰富赛事活动供给、培育多元主体、加强人才队伍建设、提升产业能级、引导水上运动消费等方面提出主要任务。此外还明确了加快改革创新、完善政策体系、加强行业管理、完善安全救援体系、强化组织领导等5个方面的保障措施。下一步，相关部门将按照《规划》要求，持续做好监督检查工作，确保《规划》顺利推进。

（续表）

序号	文件	颁布时间	主要内容和要点
12	体育总局、国家发展改革委等8部门印发《山地户外运动产业发展规划》	2016 年 11 月 25 日	《规划》提出到 2020 年基本形成布局合理、功能完善、门类齐全的山地户外运动产业体系，山地户外运动产业总规模达到 4 000 亿元等发展目标。并提出加快场地设施建设、丰富赛事活动供给、培育多元市场主体、全面提升产业能级、积极引导大众消费、健全安全救援体系等 6 个方面的主要任务。此外还明确了创新体制机制、完善政策体系、夯实工作基础、加强人才保障、强化组织领导、加强督查落实等 6 个方面的保障措施。下一步，相关部门将按照《规划》要求，持续做好监督检查工作，确保《规划》顺利推进。
13	《国家旅游局国家体育总局关于大力发展体育旅游的指导意见》（旅发〔2016〕172 号）	2016 年 12 月 22 日	体育是发展旅游产业的重要资源，旅游是推进体育产业的重要动力；体育旅游是以体育运动为核心，以现场观赛、参与体验及参观游览为主要形式，以满足健康娱乐、旅游休闲为目的，向大众提供相关产品和服务的一系列经济活动；大力发展体育旅游对于丰富旅游产品体系、拓展旅游消费空间、推动全民健身和全民健康深度融合、推动体育产业提质增效及培育经济发展新动能、拓展经济发展新空间具有十分重要的意义。 《意见》提出，要坚持市场主导，政府扶持；坚持消费引领，培育主体；坚持强化特色，打造品牌；坚持加强监管，规范发展，加快形成结构合理、门类齐全、功能完善的体育旅游产业体系和产品体系。到 2020 年，在全国建成 100 个具有重要影响力的体育旅游目的地，建成 100 家国家级体育旅游示范基地，推出 100 项体育旅游精品赛事，打造 100 条体育旅游精品线路，培育 100 家具有较高知名度和市场竞争力的体育旅游企业与知名品牌，体育旅游总人数达到 10 亿人次，占旅游总人数的 15％，体育旅游总消费规模突破 1 万亿元。 《意见》强调，要健全完善体育旅游的保障措施。一要完善工作机制。二要加大政策保障。三要完善投融资机制。四要加大宣传推广。五要规范市场秩序。六是建立人才培养体系。
14	《国务院办公厅关于进一步激发社会领域投资活力的意见》（国办发〔2017〕21 号）	2017 年 3 月 16 日	当前我国社会领域新兴业态不断涌现，投资总量不断扩大，服务能力不断提升，但仍然存在放宽准入不彻底、扶持政策不到位、监管体系不健全等问题。进一步激发医疗、养老、教育、文化、体育等社会领域投资活力，着力增加产品和服务供给，不断优化质量水平，对于提升人民群众获得感、挖掘社会领域投资潜力、保持投资稳定增长、培育经济发展新动能、促进经济转型升级、实现经济社会协调发展具有重要意义。大力促进融合创新发展。发展壮大在线健身休闲等平台。

（续表）

序号	文件	颁布时间	主要内容和要点
15	《"一带一路"体育旅游发展行动方案（2017—2020年)》	2017年7月7日	体育旅游是体育产业与旅游产业深度融合的新兴产业形态,大力发展体育旅游是丰富旅游产品体系、拓展旅游消费空间、促进旅游业转型升级的必然要求,是盘活体育资源、实现全民健身和全民健康深度融合、推动体育产业提质增效的必然选择,对于培育经济发展新动能、拓展经济发展新空间具有十分重要的意义。"一带一路"沿线国家和地区具有丰富的体育旅游资源,体育旅游发展潜力巨大。 多措并举,多方联合,培育体育旅游市场,实现一年有影响、两年上规模、三年创品牌,在"一带一路"相关区域形成一批精品体育旅游赛事、特色运动休闲项目、有竞争力的体育旅游企业和知名体育旅游目的地,到2020年,体育旅游人数占该地区旅游总人数的比重超过15%。通过体育旅游全方位的交流互动,促进"一带一路"区域内的政策沟通、产业互通和民心相通,使体育旅游成为"一带一路"区域内开放合作的亮点。 行动一:加大体育旅游宣传力度。行动二:培育体育旅游重点项目。行动三:加强体育旅游设施建设。行动四:促进体育旅游装备制造。行动五:推动体育旅游典型示范。行动六:发展体育旅游目的地。行动七:打造体育旅游合作平台。行动八:强化体育旅游智力支撑。
16	《国务院办公厅关于加快发展体育竞赛表演产业的指导意见（国办发》〔2018〕121号)	2018年12月21日	体育竞赛表演产业是体育产业的重要组成部分,表现为体育竞赛表演组织者为满足消费者运动竞技观赏需要,向市场提供各类运动竞技表演产品而开展的一系列经济活动。发展体育竞赛表演产业对挖掘和释放消费潜力、保障和改善民生、打造经济增长新动能具有重要意义。近年来,我国体育竞赛表演产业快速发展,已经成为推动体育产业向纵深发展和建设健康中国的重要引擎。但也要看到,我国体育竞赛表演产业存在有效供给不充分、总体规模不大、大众消费不积极等问题。 发展目标:到2025年,体育竞赛表演产业总规模达到2万亿元,基本形成产品丰富、结构合理、基础扎实、发展均衡的体育竞赛表演产业体系。建设若干具有较大影响力的体育赛事城市和体育竞赛表演产业集聚区,推出100项具有较大知名度的体育精品赛事,打造100个具有自主知识产权的体育竞赛表演品牌,培育一批具有较强市场竞争力的体育竞赛表演企业,体育竞赛表演产业成为推动经济社会持续发展的重要力量。 丰富赛事活动,完善赛事体系:大力发展职业赛事。支持引进国际重大赛事。引导扶持业余精品赛事。积极培育冰雪体育赛事。促进体育竞赛与文化表演互动融合。

（续表）

序号	文件	颁布时间	主要内容和要点
17	《国务院关于实施健康中国行动的意见》（国发〔2019〕13号）	2019年7月15日	党的十九大作出实施健康中国战略的重大决策部署，强调坚持预防为主，倡导健康文明生活方式，预防控制重大疾病。为加快推动从以治病为中心转变为以人民健康为中心，动员全社会落实预防为主方针，实施健康中国行动，提高全民健康水平。 到2022年，健康促进政策体系基本建立，全民健康素养水平稳步提高，健康生活方式加快推广，重大慢性病发病率上升趋势得到遏制，重点传染病、严重精神障碍、地方病、职业病得到有效防控，致残和死亡风险逐步降低，重点人群健康状况显著改善。 到2030年，全民健康素养水平大幅提升，健康生活方式基本普及，居民主要健康影响因素得到有效控制，因重大慢性病导致的过早死亡率明显降低，人均健康预期寿命得到较大提高，居民主要健康指标水平进入高收入国家行列，健康公平基本实现。 实施全民健身行动。生命在于运动，运动需要科学。为不同人群提供针对性的运动健身方案或运动指导服务。努力打造百姓身边健身组织和"15分钟健身圈"。推进公共体育设施免费或低收费开放。推动形成体医结合的疾病管理和健康服务模式。把高校学生体质健康状况纳入对高校的考核评价。到2022年和2030年，城乡居民达到《国民体质测定标准》合格以上的人数比例分别不少于90.86%和92.17%，经常参加体育锻炼人数比例达到37%及以上和40%及以上。
18	《体育强国建设纲要》（国办发〔2019〕40号）	2019年8月10日	到2020年，建立与全面建成小康社会相适应的体育发展新机制，体育领域创新发展取得新成果，全民族身体素养和健康水平持续提高，公共体育服务体系初步建立，竞技体育综合实力进一步增强，体育产业在实现高质量发展上取得新进展。 到2035年，形成政府主导有力、社会规范有序、市场充满活力、人民积极参与、社会组织健康发展、公共服务完善、与基本实现现代化相适应的体育发展新格局，体育治理体系和治理能力实现现代化。 到2050年，全面建成社会主义现代化体育强国。人民身体素养和健康水平、体育综合实力和国际影响力居于世界前列，体育成为中华民族伟大复兴的标志性事业。

（续表）

序号	文件	颁布时间	主要内容和要点
19	《国务院办公厅关于促进全民健身和体育消费推动体育产业高质量发展的意见》（国办发〔2019〕43号）	2019 年 9 月 17 日	体育产业在满足人民日益增长的美好生活需要方面发挥着不可替代的作用。在新形势下，要以习近平新时代中国特色社会主义思想为指导，强化体育产业要素保障，激发市场活力和消费热情，推动体育产业成为国民经济支柱性产业，积极实施全民健身行动，让经常参加体育锻炼成为一种生活方式。 一是深化"放管服"改革，释放发展潜能。二是完善产业政策，优化发展环境。三是促进体育消费，增强发展动力。四是建设场地设施，增加要素供给。五是加强平台支持，壮大市场主体。六是改善产业结构，丰富产品供给。七是优化产业布局，促进协调发展。打造体育产业增长极，以京津冀、长三角、粤港澳大湾区、海南等区域为重点发展体育产业，培育一批具有较大影响力的体育城市。八是实施"体育＋"行动，促进融合发展。九是强化示范引领，打造发展载体。十是夯实产业基础，提高服务水平。加强体育产业人才培养。鼓励普通高校、职业院校设置体育产业相关专业，形成有效支撑体育产业发展的高层次人才培养体系。完善教练员水平评价制度。

2014 年颁布的《国务院关于加快发展体育产业促进体育消费的若干意见》（国发〔2014〕46号）引领了体育产业政策的出台，以 46 号文件下发的时间节点为标志，2015 年堪称体育产业发展元年。在政策导向下，当前体育发展方式发生了重大变化，全民健身与奥运增光计划协调发展；人们健康理念也发生了重大变化，体育作为一种生活方式在人们生活中起到重要作用，人们对体育的美好生活需求越来越高，带动了休闲体育产业快速发展。但当前休闲体育产业的发展不充分不平衡，还不能满足人民日益增长的美好生活需要，需要加强休闲体育产业人才的培养，形成有效支撑体育产业发展的高层次人才培养体系。

第二节　海南休闲体育政策分析

一、海南省近年来有关休闲体育产业发展的政策性文件

2010 年 1 月，国家将海南国际旅游岛建设上升为国家战略后，休闲体育产业

发展迎来了新的纪元,从体育产业培育上、体育旅游发展上、体育赛事策划上、体育项目发展上、体育在综合体构建上均有利好的政策出台。当前海南体育产业规模较小,2017年全省体育产业总规模刚刚突破100亿元,年增速高达10.8%。海南省近年来出台了一系列政策(见表4.2),以推动休闲体育产业的发展。

表4.2   海南省近年来有关休闲体育产业发展的政策性文件

序号	文件	颁布时间	主要要点
1	《国务院关于推进海南国际旅游岛建设发展的若干意见》	2010年1月4日	建设富有海南特色的旅游产品体系。依托优势资源,发展特色旅游产品,进一步优化旅游产品结构。大力发展热带海岛冬季阳光旅游、海上运动、潜水等旅游项目,丰富热带滨海海洋旅游产品。积极发展自驾车观光游、特色房车游和体育休闲项目,完善相关配套服务。规范发展高尔夫旅游。 加快发展文化体育及会展产业。加快发展文化产业,引进创意产业人才,大力发展文化创意、影视制作、演艺娱乐、文化会展和动漫游戏等各类文化产业,积极培育具有海南地域和民族特色的文化产业群。鼓励举办大型旅游文化演出和节庆活动,丰富演艺文化市场,支持海南举办国际大帆船拉力赛、国际公路自行车赛、高尔夫球职业巡回赛等体育赛事。在海南试办一些国际通行的旅游体育娱乐项目,探索发展竞猜型体育彩票和大型国际赛事即开彩票。 扶持海南建设大型文化体育基础设施,集中建设一批适合于四季训练的运动场馆。
2	《海南省人民政府关于加快发展体育产业促进体育消费的实施意见》	2015年8月	到2025年,体育产业总规模不断扩大,产业体系更为完善,体制机制更加富有活力,企业创新能力显著增强。充分发挥海南热带气候、海洋大省等资源优势和国际旅游岛建设的政策优势,基本建立起与我省经济社会发展水平相适应,与旅游等产业高度融合,布局合理、功能完善、特色鲜明的体育产业体系和体育消费市场。到2025年,全省体育产业总规模超过275亿元。 体育服务业在体育产业的比重超过70%以上。 产业体系特色鲜明。健身休闲、竞赛表演、康体养生、培训中介、体育商贸等产业协同发展,产业组织形态和集聚模式更加丰富,基本形成我省体育旅游和大型体育赛事引领体育产业全面发展的格局。体育传媒、体育金融、运动与健康促进等新兴体育业态不断壮大。 明确发展重点:优先发展全民健身服务业、培育发展体育竞赛表演业、大力发展海上休闲运动业、加快发展体育冬训产业、规范发展高尔夫产业、探索发展特色体育娱乐业、促进体育产业与旅游、文化等产业融合发展。

（续表）

序号	文件	颁布时间	主要要点
3	《海南省国民经济和社会发展第十三个五年规划纲要》	2016年2月	着力推动文体产业结构调整、优化升级、加速发展，重点扶持发展影视制作产业、动漫游戏产业、旅游演艺产业和体育产业。推动"文化＋"，促进文体产业与旅游业融合发展，发挥文化对相关产业转型升级和提质增效的外溢效应。引进和培育知名文体企业，打造一批特色鲜明、具有独特竞争力的文体产业品牌。制定落实文化体育产业扶持政策，支持一批文体产业做大做强。到2020年，文化体育产业占地区生产总值的比重达到5％以上。 推动五源河文体中心、中国足球南方训练基地、国家帆船帆板海口体育训练基地、三亚亚龙湾国家滑水训练基地、五指山国家举重训练基地、文昌铜鼓岭巴西体育城等重大项目建设； 办好环海南岛国际公路自行车赛、环海南岛国际大帆船赛、海南高尔夫球公开赛、海南国际马拉松赛等国际体育赛事； 大力发展游艇、潜水、帆船、帆板、冲浪、垂钓、沙滩排球、沙滩足球等滨海运动项目，以及房车、自行车、登山、漂流、野外拓展等户外运动项目。
4	《海南省全域旅游建设发展规划（2016—2020）》	2017年3月	着力发展海洋休闲运动。培育游艇、帆船、潜水、海钓、滑水、冲浪、摩托艇、香蕉船、独木舟、龙舟、拖曳伞、沙滩摩托车、沙滩排球、沙滩足球等体育旅游市场。加强三亚蜈支洲岛、三亚西岛、陵水分界洲岛等景区体育旅游项目的深度开发，完善三亚鸿洲国际游艇会码头、三亚半山半岛帆船港、海口新埠岛游艇码头、海口美源游艇码头建设，不断丰富海洋休闲运动旅游产品。极力打造体育精品赛事。持续举办以环海南岛国际公路自行车赛、国际马拉松赛、环海南岛国际大帆船赛、中国足球（南方）训练基地、观澜湖世界明星赛、海南高尔夫球公开赛、万宁国际冲浪节、中华龙舟赛、国际象棋赛等为主的精品赛事。逐步探索发展海南竞猜型体育娱乐业，带动体育旅游快速发展。
5	《海南省文化广电出版体育"十三五"发展规划》	2017年6月	大力发展特色体育产业。 围绕健康海南建设，不断丰富体育供给，扩大体育消费，促进体育产业快速增长，从而成为推动经济社会持续发展的重要力量。大力发展体育休闲旅游、体育健身服务、体育竞赛表演等项目，开发体育衍生产品。引入知名体育运营公司，开发和丰富赛事IP，提升环海南岛国际公路自行车赛、环海南岛国际大帆船赛、海南高尔夫球公开赛等三大传统赛事品牌影响力，打造海南

（续表）

序号	文件	颁布时间	主要要点
			国际马拉松赛、观澜湖世界明星赛等新赛事。依托重大体育赛事和体育活动的带动效应,吸引外资进入海南,兴建户外体育活动营地、主题公园、海上赛事、海岛水下水上运动等高端体育场地设施。与国内外体育行业龙头企业合作,打造一批高水准体育产业项目,以足球冬训、高尔夫运动、海上赛事等为代表发展体育产业,建设区域特色体育基地。引导支持移动互联网+体育,利用大数据、App 等,积极拓展体育产业新业态。 **积极培育足球产业** 理顺我省足球管理体制和运行机制,健全各级足球协会的组织和功能,完善各级足球训练、竞赛体系;大力推动以校园足球为龙头的青少年足球发展,鼓励开展各类社会足球运动;采用合作共建模式成立海南足球队并参加全国职业足球联赛;扶持琼中女足,推动全省女子足球的发展;建立健全足球人才培养体系。推动足球与旅游、文化、教育等产业融合发展,鼓励以民营资本为主体,依托海南独特的气候及环境资源优势,结合全省各地特点,建设一批集足球训练、培训、文化娱乐、健身休闲、旅游为一体的综合型足球产业基地,将发展足球冬训基地、足球培训与度假休闲结合,组织和吸引国内外的足球队伍和足球爱好者到我省集训、培训和度假,拉动相关产业发展。
6	《海南省人民政府办公厅关于加快发展健身休闲产业的实施意见》（琼府办〔2017〕142号）	2017 年 9 月	结合我省全域旅游建设发展规划,充分利用我省独特的气候及环境资源优势,推进健身休闲产业供给侧结构性改革,创新产业运作模式,拓宽产业发展空间,优化市场产业格局,丰富健身休闲产品供给,满足群众健身休闲需求,助力"健康海南"建设,促进全省经济社会持续健康发展。 到 2025 年,城乡居民健身休闲意识进一步增强,健身行为更加自觉,生活方式更加健康;基本形成布局合理、功能完善、特色鲜明的健身休闲产业发展格局;健身休闲产业与全民健身事业协调发展,健身休闲与旅游、文化、康养、教育等产业融合互动;建成一批功能齐全的健身休闲场馆,打造一批具有地方特色的大众健身休闲活动与大型品牌赛事,建设一批以健身休闲为主题的体育文化旅游重点项目和休闲运动小镇,健身休闲产业总规模达到 200 亿元,成为全国体育旅游示范区和国际知名的健身休闲旅游首选目的地。 要通过优化健身休闲产业"水、陆、空"三维空间布局,构建"三中心(海口、三亚、儋州)"辐射带动、"东西南北中"全省联动发展的健身休闲综合产业格局。

（续表）

序号	文件	颁布时间	主要要点
7	《海南省旅游发展总体规划（2017—2030）》	2017年11月	逐步建立和完善以环海南岛国际公路自行车赛、环海南岛国际大帆船赛、海南高尔夫公开赛"三大赛事"为龙头的赛事产业体系。大力发展新型海上休闲运动，加强海上体育旅游开发。推动体育装备制造业发展，探索发展竞猜型体育娱乐业。
8	《中共中央国务院关于支持海南全面深化改革开放的指导意见》	2018年4月	推动旅游业转型升级，加快构建以观光旅游为基础、休闲度假为重点、文体旅游和健康旅游为特色的旅游产业体系，推进全域旅游发展。 实行高水平的贸易和投资自由化便利化政策，围绕种业、医疗、教育、体育、电信、互联网、文化、维修、金融、航运等重点领域，深化现代农业、高新技术产业、现代服务业对外开放。 拓展旅游消费发展空间。支持在海南建设国家体育训练南方基地和省级体育中心，鼓励发展沙滩运动、水上运动、赛马运动等项目，支持打造国家体育旅游示范区。探索发展竞猜型体育彩票和大型国际赛事即开彩票。 大力推进旅游消费国际化。支持海南积极参与国际旅游合作与分工，与国际组织和企业在引资引智、市场开发、教育培训、体育赛事等方面开展务实合作。指导海南进一步办好国际体育赛事，支持再引入一批国际一流赛事。
9	《在庆祝海南建省办经济特区30周年大会上的讲话》	2018年4月13日	要实行高水平的贸易和投资自由化便利化政策，对外资全面实行准入前国民待遇加负面清单管理制度，围绕种业、医疗、教育、体育、电信、互联网、文化、维修、金融、航运等重点领域，深化现代农业、高新技术产业、现代服务业对外开放，推动服务贸易加快发展。
10	《海南省建设国际旅游消费中心的实施方案》	2018年12月28日	扩大体育旅游消费。全面推进体育与旅游产业融合发展，建立完善的体育旅游产品体系和产业政策体系，建设国家体育旅游示范区。鼓励沙滩运动、水上运动、赛马运动、航空运动、汽车摩托车运动、户外运动等项目发展。支持海南加快探索休闲渔业规范化管理，有序发展游艇游钓。放宽参赛运动船艇、飞行器、汽车摩托车的入境限制。加快建设国家体育训练南方基地，打造一批国际一流的运动训练和赛事基地。积极开展赛事展览、运动培训和休闲体验，打造体育运动休闲度假小镇，培育滨海休闲体育运动消费市场。探索发展竞猜型体育彩票和大型国际赛事即开彩票。

二、海南省休闲体育发展规划与相关政策分析

研读《国务院关于推进海南国际旅游岛建设发展的若干意见》(国发〔2009〕44号)《海南国际旅游岛建设发展规划纲要(2010—2020)》《海南省人民政府关于加快发展体育产业促进体育消费的实施意见》《海南省人民政府办公厅关于加快发展健身休闲产业的实施意见》《中共中央国务院关于支持海南全面深化改革开放的指导意见》《海南省建设国际旅游消费中心的实施方案》等文件,可以得出:

(1)在产业布局上,海南构建"三中心(海口、三亚、儋州)"辐射带动、"东西南北中"全省联动发展的健身休闲综合产业格局。明确发展重点:优先发展全民健身服务业、培育发展体育竞赛表演业、大力发展海上休闲运动业、加快发展体育冬训产业、规范发展高尔夫产业、探索发展特色体育娱乐业、促进体育产业与旅游、文化等产业融合发展。

(2)在项目空间布局上,海南休闲体育发展坚持"水、陆、空"三维空间布局:陆地以高尔夫、自行车、登山、攀岩、漂流、徒步越野、汽车摩托车越野、定向越野及武术、龙舟、足球、篮球、排球传统项目等为主;海上项目以潜水、游泳、冲浪、帆船帆板、海钓、游艇、沙滩排球、沙滩足球等为主;空中以滑翔伞、热气球、动力伞、航空模型、风筝等为主。

(3)在产业融合上,全面推进体育与旅游产业融合发展,推动旅游业转型升级,加快构建以观光旅游为基础、休闲度假为重点、文体旅游和健康旅游为特色的旅游产业体系,推进全域旅游发展。

(4)支持举办大型体育赛事,逐步建立和完善以环海南岛国际公路自行车赛、环海南岛国际大帆船赛、海南高尔夫公开赛"三大赛事"为龙头的赛事产业体系。

(5)扶持海南建设大型文化体育基础设施,集中建设一批适合于四季训练的运动场馆。加快建设国家体育训练南方基地,打造一批国际一流的运动训练和赛事基地。

(6)围绕体育等重点领域,深化现代服务业对外开放,推动服务贸易加快发展。

(7)健身休闲产业与全民健身事业协调发展。

(8)海南休闲体育产业文件颁布相对滞后,例如,2014年10月颁布了《国务院关于加快发展体育产业促进体育消费的若干意见》(国发〔2014〕46号),2015年8月才颁布了《海南省人民政府关于加快发展体育产业促进体育消费的实施意见》,

时间滞后 10 个月之久。

根据海南省的体育产业发展整体规划以及相关资源禀赋,海南省休闲体育的发展分为两类。一类是依托海南热带旅游资源的休闲体育体验游和目的游,均以体育＋旅游的形式参与,主要体现在外来游客参与滨海体育旅游项目、酒店康乐部活动、水上乐园项目、休闲养生活动、体育竞赛表演活动。一类是依托体育场馆的全民健身休闲活动,主要体现在常住居民参与休闲健身会所、商业体育综合场馆的各种体育休闲健身活动。可见,休闲体育专业在地方的就业方向为亲水(滨海)运动休闲企业、旅游企业、体育文化发展推广公司、健身会所、商业体育综合场馆、高尔夫会所。

第三节　海南休闲体育专业发展的机遇、挑战及思路

一、海南休闲体育专业发展机遇

(一)国家战略导向为休闲体育发展指明方向

随着"健康中国"国家战略、"全民健身"战略、"一带一路"倡议的不断推进和发展,全民健康的理念逐步深入人心。"共建共享、全民健康",人们崇尚健康的生活方式,参加锻炼的人们越来越多。随着海南国际旅游岛建设的推进,海南自贸区(港)上升为国家战略,海南的旅游消费结构正从低层次的观光需求向高层次的体验性休闲度假需求转型升级,像休闲潜水、休闲高尔夫、帆船船板、海钓这些高端休闲项目逐渐成为人们度假旅游体验的普通项目,需要培养此类专业人才。

(二)国家政策导向为休闲体育发展提供契机

国务院相继颁布了《国务院关于加快发展体育产业促进体育消费的若干意见》(国发〔2014〕46 号)《国务院办公厅关于加快发展健身休闲产业的指导意见》(国办发〔2016〕77 号)《国家旅游局国家体育总局关于大力发展体育旅游的指导意见》(旅发〔2016〕172 号)《"一带一路"体育旅游发展行动方案(2017—2020 年)》《国务院办公厅关于加快发展体育竞赛表演产业的指导意见(国办发〔2018〕121 号)《国务院关于实施健康中国行动的意见》(国发〔2019〕13 号),这些促进体育产业发展的国字号文件相继出台,都不约而同地提出了大力发展健身休闲,而且体育产业与

其他产业如旅游产业的不断融合升级,为休闲体育的发展带来空前发展的机遇,市场对高层次的休闲体育人才的需求也将会扩大。

(三) 海南体育与旅游产业不断融合

海南是我国的热带海岛,拥有海洋、沙滩、山川、河流、岛屿、雨林、温泉等丰富的自然资源,气候宜人,再加上浓郁的民族风情,为海南发展体育旅游、打造国际体育旅游示范区提供了良好的基础条件。随着消费时代的到来,传统的观光旅游已不能满足大众的旅游消费需求,新需求正在转型为观光、休闲、养生、度假、商务、研学等多元化、多层次并重的体验型旅游发展。根据国家统计局 2019 年 4 月 1 日公布的《体育产业统计分类(2019)》,结合海南的区位优势和资源优势,将体育健身休闲活动、体育竞赛表演活动、体育健康与运动康复服务、体育教育与培训等与旅游产业深度融合,形成四个新业态:体育健身休闲度假旅游、体育赛事度假旅游、体育康养度假旅游、体育研学旅行,需要培养与四个新业态相匹配的专业人才。

(四) 国家质量标准规范专业发展

体育学类专业国家质量标准的出台,为休闲体育建设提供了规范,各校在达到基本条件的基础上,结合学校的实际,建立自己的专业特色,不断提高人才培养质量,为海南休闲体育产业发展提供人才支撑。

二、海南休闲体育专业发展面临的挑战

(一) 海南休闲体育专业起步晚

2006 年广州体育学院和武汉体育学院开始招收休闲体育专业学生。海南创办休闲体育专业最早的三亚学院于 2012 年 9 月开始招生,在《普通高等学校本科专业类教学质量国家标准》出台之前没有成熟的人才培养模式和课程体系参考,使休闲体育专业的发展举步维艰,各个高校对休闲体育专业的建设都处于摸索阶段。

(二) 师资匮乏

师资力量是制约休闲体育专业发展的重要问题之一,当前休闲体育专业教师均从相关专业转项过来,对休闲体育专业的理解与社会需求的现状还存在较大差距。此外,滨海休闲运动开展的帆板、冲浪、潜水师资更为匮乏,当前培养滨海运动

师资的学校也不多,部分教师从运动员转过来,缺乏理论知识的支撑,这些都还不能满足海南滨海运动项目的开展。

(三)专业布局迅速,形成挤压之势

我国的休闲体育产业发展迅速,休闲体育专业人才需求量较大。休闲体育专业进入目录内专业后,各高校迅速调整纷纷申办该专业,再加上开设休闲体育专业较早的六大体育专业院校的挤压,海南休闲体育专业生存空间将越来越小。

(四)标志性科研成果不足

海南休闲体育资源丰富,但是没有专门研究休闲体育的科研机构,目前对休闲体育的研究还没有标志性的科研成果,与丰富的资源形成鲜明的对比。

三、海南休闲体育专业发展思路

我们需要清醒认识休闲体育专业发展机遇、正视休闲体育专业发展所面临的挑战,把握时机、扭转劣势,这样海南休闲体育专业才有出路,才能为自贸区(港)建设贡献力量。

(一)关注政策发展、提高环境响应力

休闲体育专业发展要提高环境响应力,需要抓住几个关键词:国家战略、政策驱动、产业融合、行业需求、学校规划。高等教育综合改革和地方高校转型的发展就是高等教育人才的供给侧改革,人才的培养要融入并服务国家战略,不断适应省域社会经济的发展,提高人才对接产业能力和服务社会能力。就是要融入国家"一带一路"倡议,全民健康和全民健身战略以及对接海南省十二大重点发展产业。休闲体育专业方向的调整要切合海南重点发展的产业,即体育产业与旅游产业、健康产业、医疗产业融合发展;人才培养要契合休闲体育市场发展的需求,专业发展要紧跟新业态进一步细分(如设立亲子运动方向),应用型课程教学改革要切合学生应用能力的发展。科学研究要体现应用型研究,解决体育产业发展的实际问题。

(二)紧跟业态发展、提升专业吸引力

休闲体育专业建设要结合海南资源优势和地域特征,在项目设置上要有特色,才能提升专业吸引力。三亚学院的休闲体育(2012年)以滨海运动、休闲健身、休

闲高尔夫、休闲马术为特色方向;海南热带海洋学院的休闲体育(2013 年)以高尔夫运动、水上运动、体育休闲旅游为特色方向,高尔夫、大帆船、龙舟、舞龙舞狮为特色项目,这些项目在全国比赛中取得优异成绩;海口经济学院(2015 年)以水上运动、户外休闲、体育俱乐部管理为特色方向,民族传统体育与省民宗委协同发展,建立海南省民族传统体育项目基地,代表海南省参加全国少数民族运动会,舞龙舞狮为其特色项目。海南体育技术职业学院升格后(2017 年)也开设了休闲体育,帆船、帆板、冲浪是国家体育总局水上运动训练基地项目。

专业建设既要有"特",还要有"色",才能提升专业吸引力、确立区域竞争的优势。首先,关注新业态,增设亲子运动方向。亲子运动是各大五星级酒店吸引客源的主打品牌,从访谈情况来看,目前缺乏组织、策划、设计亲子活动产品的人才。第二,结合国家休闲体育产业政策,发展亲水运动和户外拓展运动。日前国家出台了水上运动项目和户外运动项目发展规划,在这两方面海南资源丰富,而且海南的户外运动也才刚刚起步,具有很大的发展空间。第三,落实全民健身和全民健康的深度融合,人才培养一方面要满足依托海南热带旅游资源的外来游客休闲体育体验游和目的游,一方面要满足依托体育场馆的常住居民全民健身休闲活动。

(三) 协同合作育人、参与社会实践实现服务社会的功能

1. 政校合作

(1) 全民健身智库建设:为政府做体育产业发展规划、全民健身规划、策划全民健身赛事活动等;

(2) 健身扶"贫"公益活动:当前市民健身意识空前提高,但科学的健身方法欠缺,所以,我们在节假日到街头巷尾可为市民去做健身咨询、节假日去各大健身点做健身指导;

(3) 服务新农村建设:因地制宜地共同开发一些休闲健身项目,提高美丽乡村旅游效益;

(4) 急政府之所需:休闲体育游泳人才进校园,响应省政府号召全省中小学生人人学会游泳,做公益的游泳培训;

(5) 就业培训服务:开展各种体育人才的培训业务,提高下岗职工再就业;

(6) 提供志愿服务:为海南各项赛事提供志愿服务。

2. 在校企合作人才培养基地上

一方面订单培养、学生定向就业,一方面为学生提供证照获取途径,再一方面共同开发相关培训课程、提高培训收益。

3. 在实习基地建设上

提高实习基地准入条件,以项目、活动和问题为导向进行实习,共同开发行业急需人才,提高实习质量。这些工作既可以提高学生的实践应用能力,还可以提高专业的知晓度,也有利于扩大学校宣传,提高学校的美誉度。

4. 根据专业特点,开设中小学研学旅行课程

休闲体育专业作为一个具有广阔发展前景和市场需求的新型、朝阳体育专业,在国际旅游岛的大旅游、大休闲、大文化建设背景下充满着机遇与挑战。虽然海南在师资力量、教学设施、办学历史上与其他体育院校还存在一定的差距,但只要能抓住国际旅游岛建设的契机,发挥地理优势和热带气候优势,结合国际旅游岛建设实际,通过树立特色、培养模式创新、师资培养、教学设施投入、科学研究,可以逐步把休闲体育专业做出特色。

第五章

海南休闲体育行业人才需求研究

第一节　海南休闲体育资源分布与发展策略研究

一、海南休闲体育资源分布

（一）海南休闲体育自然资源分布及项目类型

海南自然资源丰富，自然休闲体育资源类型繁多。参照海南省热带体育旅游资源的分类方法，把海南自然休闲体育资源分为山地类、河谷类、海岛类、低空类。

山地类主要分布在火山口、铜鼓岭、抱虎岭、济公山、文笔峰、七仙岭、吊罗山、甘什岭、毛公山、尖峰岭、大小洞天、五指山、黎母山、鹦哥岭、卧龙山、坝王岭、东山岭、白石岭、高山岭、霸王岭、俄贤岭。河谷类主要分布在后港湾红树林、南丽湖、红湖欢乐园、吊罗山河谷、呀诺达、天界神湖、红坎瀑布、百花岭瀑布、木色湖、黎母山河谷、松涛水库、羊角岭天池、万泉河。海岛类主要分布的地区有假日海滩、西秀海滩、万绿园、白沙门、高隆湾、云龙湾、木兰湾、月亮湾、东郊椰林、七州列岛、香水湾、亚龙湾、海棠湾、皇后湾、大东海、小东海、西岛、野猪岛、蜈支洲岛、分界洲岛、南泥猴岛、天涯海角、鹿回头、半山半岛、石梅湾、日月湾、南燕湾、大洲岛、博鳌、东屿岛、临高角、棋子湾。受到良好的气候环境和地理环境的影响，海南低空类的体育旅游资源几乎全岛覆盖。

不同类型的体育旅游资源涵盖的项目也多种多样。山地类主要项目有登山、徒步、洞穴探秘、狩猎、海泳潜礁、垂钓、户外探险、热带雨林探险、热带雨林穿越、野外拓展、崖降、朔溪、钓鱼、森林探险、竹竿舞等。河谷类的主要项目有保龄球、滑冰、游泳、游艇、朔溪、崖降、钓鱼、溪降、登山、热带雨林穿越、高山、溜索、野外拓展钓鱼、划船、龙舟竞渡漂流、峡谷探险、崖降、丛林穿越、寻幽探秘等。海岛类项目主要包括摩托艇、快艇、拖曳伞、沙滩排球、沙滩足球、游泳、帆船、帆板、跑步、放风筝、健身路径、高尔夫、自行车、健步走、定向越野、钓鱼、徒步、海钓、潜水、海底漫步、香蕉船、水上自行车、沙滩卡丁车、潜水（岸潜、船潜、深潜、浮潜）、皮划艇（皮划艇海上垂钓）、羽毛球、海边垂钓、飞鱼、冲浪、水肺潜水、海底漫步、滑水、独木舟、蹦跳船、沙滩摩托车、水上降落伞、水下狩猎、海上观光、高尔夫、骑马等。低空类项目有滑翔伞、热气球、双人滑翔机、空中降落伞、动力三角翼飞机等。

（二）海南人文类休闲体育项目的分布及项目类型

海南四季如春，全岛属于热带海洋季风性气候，主要居民多为黎族、苗族、回族和汉族。从人文角度可将海南休闲体育项目分为节庆型、民俗型、赛事型和场馆基地型。

主要节庆包括三月三、欢乐节、端午节、重阳节、军坡节、福山咖啡文化节、冼夫人节、椰子节。民俗型主要包括赛龙舟、竹竿舞、芦笙舞、板鞋竞速、八人秋千、爬坡杆、押枷、射穿、打扁担、打狗归坡、拉鼓、拉乌龟。

（三）海南赛事资源分布

赛事类型按照 2019 年举办的品牌赛事统计主要包括国际性品牌赛事、全国性品牌赛事和海南省省级品牌赛事。

（1）举办的国际性品牌休闲体育赛事主要有环海南岛国际公路自行车赛、环海南岛国际大帆船赛、海南高尔夫球公开赛、海南（三亚）国际马拉松、万宁国际冲浪赛、陵水国际羽毛球大师赛、海南儋州国际马拉松赛、国际汽联电动方程式锦标赛三亚站、海口国际马拉松、越山向海中国赛、海南国际新能源汽车拉力赛、海南省儋州国际象棋特级大师超霸战、中国海南三亚国际桥牌节、三亚国际沙滩健美先生比基尼小姐大赛、国际旅游岛帆板大奖赛、"一带一路"海口国际沙滩足球邀请赛、"博海争霸"国际拳击争霸赛。

（2）举办的全国性休闲体育赛事有中国（海南）青少年高尔夫球精英赛、司南杯大帆板赛（三亚）、全国冲浪锦标赛（万宁）、中国（男子、女子）高尔夫球职业巡回赛博鳌公开赛、全国沙滩排球巡回赛总决赛（海口）、中华龙舟大赛（陵水、万宁）、中国龙舟公开赛（澄迈）、中国（保亭）少数民族广场舞大赛、"国际旅游岛杯"全日业余围棋公开赛、全国少儿围棋公开赛（儋州）、全国射箭分站赛（第一站）澄迈、全国拳击锦标赛(白沙)、全国英式七人制橄榄球锦标赛(白沙)、全国高校电子竞技挑战赛(海口)、中国自贸区业余围棋邀请赛、棋子湾杯围棋冠军邀请赛(昌江)。

(3) 举办的省级休闲体育品牌赛事主要有海南省全民健身运动会、海南国际旅游岛自行车联赛、海南省青少年沙滩排球锦标赛、海南自贸区(自贸港)高尔夫球赛、海南省青少年冲浪锦标赛、石梅湾半程马拉松、海南省九人制排球赛、海南省围棋联赛、海南省舞龙舞狮公开赛、海南省室内五人制足球超级联赛、海南三对三篮球明星挑战赛、海南省羽毛球俱乐部联赛、海南省街舞公开赛、海南省少年羽毛球锦标赛、海南省青少年篮球锦标赛、五指山自行车登山王争霸赛、海南省黎族苗族原创健身操舞大赛、海南省飞镖公开赛、海南省轮滑公开赛、海南省电子竞技公开赛、海南省体育舞蹈公开赛、海南省攀岩公开赛、海南省健身气功公开赛、尖峰岭天池热带雨林挑战赛、海南省青少年足球锦标赛、海南省少年(15～17年龄)田径锦标赛、海南省业余篮球公开赛、海南省青少年高尔夫巡回赛、海南省青少年野战公开赛、海南省桥牌公开赛、海南省象棋公开赛、海南省排球公开赛、海南省啦啦操公开赛、海南省少年(13～14年龄)田径锦标赛、海南省少年乒乓球锦标赛、海南省青少年帆板锦标赛、海南省青少年帆船锦标赛、海南省业余网球公开赛、海南省少年举重锦标赛、海南省青少年排球锦标赛、海南省青少年游泳锦标赛、海南省青少年跆拳道锦标赛、海南省大众跆拳道锦标赛、海南省U10少年乒乓球赛、海南省U12少年乒乓球赛、海南省武术公开赛、海南省武术精英赛、海南省门球公开赛、海南省中老年太极公开赛、海南省排球赛、海南省农民排球赛、海南省柔力球公开赛、海南省台球公开海南省福山全民健身骑跑赛、海南省国际象棋公开赛、海南省国际跳棋公开赛、海南省扑克牌公开赛、海南省五子棋公开赛、海南省健身健美公开赛、海南省健身瑜伽公开赛、海南省射箭公开赛、海南省"芒果杯"足球七人制邀请赛、海南省航空模特公开赛、海南省业余乒乓球公开赛、海南省木球公开赛、海南省业余羽毛球公开赛、海南省青少年羽毛球公开赛、海南省业余公开赛、海南省网球团体赛、海南中部自行车耐力挑战赛、海南省五人制笼式足球公开赛、海南省三对三篮球联赛、海南省羽毛球对抗赛、海南省沙滩橄榄球公开赛、海南省定向公开赛、海南省钓鱼公开赛、海南省高尔夫球队标赛、海南省中老年篮球邀请赛、海南省农民篮球赛、海南省健身秧歌公开赛、海南省桥牌邀请赛、"谁是球王"羽毛球赛、"谁是球王"乒乓球赛、海南省城市定向赛、全国高校海南校友会羽毛球联赛。

（四）国家体育总局南方训练基地

场馆基地型主要包括帆船帆板国家训练基地、国家沙排训练基地、国家跆拳道训练基地、国家举重训练基地、钓鱼基地、足球训练基地、国家小球训练基地。

二、海南休闲体育资源不足之处与发展策略

（一）海南休闲体育旅游资源存在的不足

1. 发展不平衡，特色不鲜明

海南休闲体育起步晚，发展缓慢，缺乏系统统筹和规划。主要休闲体育项目目前主要集中于东部沿海地区，中西部经济相对落后，休闲体育项目也相对落后。各地区开设的休闲体育项目未突出明显的地域或者景区特色，雷同现象明显，例如，山地类休闲体育大多为登山、徒步，海岛类大多是游泳、摩托艇等。不同地区（景区）等在项目设置上没有突出的特色。

2. 服务质量不高，游客满意度低

体育旅游从业人员从专业知识、接待游客的礼仪态度等各方面都存在不足。在专业技术和专业知识上无法向游客提供高质量的服务，游客满意度低。

3. 市场秩序缺乏规范，竞争能力明显不足

休闲体育旅游市场属于新兴市场，海南目前休闲体育市场化程度低，专业的体育市场营销人员和团队缺乏，市场观念不成熟，运营方式不合理。同全国乃至世界其他地区体育旅游市场的竞争能力不足。

（二）海南休闲体育发展策略

1. 全面发展，突出特色

全岛应整体规划体育旅游资源和统筹开发体育旅游项目，根据不同的地域特点和经济特点，根据不同景区的特色全面开发体育旅游项目，实现项目多样化。同时针对不同景区和不同区域开发具有景区特色的体育旅游项目，避免各地景区项目雷同和恶性竞争。

2. 打造专业团队，提升服务质量

从休闲体育项目专业团队上进行专项培训，培养专业的服务人才，避免"速成"教练为游客进行服务的现象。对在岗在位的休闲体育服务人员进行外派培训或集

中培训,通过考核分等级进行规范管理,提升服务团队的提质量,提升游客的满意度。

3. 优化市场配置,提升竞争能力

从项目分类和设置上进行优化,结合自然地理资源和文化旅游资源全面进行市场组合营销。我省黎苗文化资源丰富,可深入挖掘黎苗文化旅游资源,从历史故事和民俗风情多方位组合营销,加强黎苗文化、红色文化资源的保护和开发,完善特色艺术表演团体和民间艺术组织,努力办好黎苗传统节庆活动,做好对少数民族文化的保护和传承;加强对革命历史文化遗产的收集、整理和宣传,在有条件的地方建设"红色文化休闲体育项目",开发红绿相互呼应、城乡相互衬托的休闲体育品系。

第二节　海南休闲体育行业人才需求研究

为了落实休闲体育专业应用型人才培养,适应行业对休闲体育人才的需求,实现专业与行业的无缝对接,本书对国内休闲体育专业人才培养情况(包括专业设置情况、培养目标、规格等)、省内外毕业生毕业走向(就业情况和就业领域)、海南省休闲体育行业需求情况(海南省休闲体育行业从业人员现状、需求状况、从业人员具备的素质和能力要求)进行了广泛的调研,为修订人才培养方案奠定了基础。根据海南省的体育产业发展整体规划以及相关资源禀赋,海南省休闲体育人才在地方的就业方向为亲水(滨海)运动休闲企业、旅游企业、体育文化发展推广公司、健身会所、商业体育综合场馆、高尔夫会所。

一、海南省休闲体育从业人员现状

(一) 员工规模

休闲体育从业岗位分技能指导类和管理类,技能指导类人才占78%、管理类人才占22%。从表5.1可以看出滨海休闲运动企业和水上乐园员工规模较大。滨海休闲运动企业、水上乐园、五星级酒店康乐部、健身会所、社区体育指导员要求技能指导类人才较多,商业体育场馆和体育文化发展推广公司要求策划、营销、管理类人才较多。

表 5.1　被调查企业休闲体育从业人员规模

（单位：人）

	滨海休闲运动企业	水上乐园	五星级酒店康乐部	健身会所	商业体育综合场馆	体育文化发展公司	合计
样本	2	2	12	4	1	3	
平均规模	234	185	38	21	52	13	
管理类	27	22	7	4	45	13	118
技能指导	207	163	31	17	7		425

（二）人才来源

从当前休闲体育从业人员来源看（见表 5.2），休闲体育专业从业人员不多，占 20%，大多是面向社会各业招聘，然后经过短期培训上岗；或是在企业内部竞聘，然后经过短期培训上岗。这部分从业人员体育基础知识和专业理论匮乏，技能水平、工作能力均得不到社会和俱乐部会员的认可，导致了从业人员的专业思想不稳定、行业认同感较差、从业人员素质参差不齐、人员流动性很大、人才流失率较高。

表 5.2　被调查企业休闲体育从业人员人才来源

（单位：人）

	滨海休闲运动企业	水上乐园	五星级酒店康乐部	健身会所	商业体育综合场馆	体育文化发展公司	合计
体育院校	28	31	9	15	12	3	98
单位内部培训	37	15	4	3	5		57
面向社会各业招聘	160	133	22	2	29	10	356
其他来源	9	6	3	1	6		58
人员流动性	较大	较大	一般	较大	较大	一般	

（三）学历水平

目前休闲体育从业人员学历水平较低。不同的岗位对学历要求不一样。管理岗位人才学历较高，行业一线技能指导服务类人才学历低。一线技能指导服务类人才直接参与到休闲体育服务，从业人员素质的高低决定了服务水平的高低，经访谈发现，从业企业急需提高一线技能指导服务类人才的学历水平（见表 5.3）。

表 5.3 被调查企业休闲体育从业人员学历水平

(单位:人)

	滨海休闲运动企业	水上乐园	五星级酒店康乐部	健身会所	商业体育综合场馆	体育文化发展公司	合计
专科以下	181	153	24	4	28		390
专科	39	35	7	8	14	4	107
本科	11	15	4	9	8	7	54
本科及以上	3	2	3		2	2	12

(四) 拥有职业资质人数和比例

休闲体育行业的一些项目是体育特有行业和高危行业(如潜水、救生员),这些项目的从业人员都必须持证上岗,从调查情况来看,持证上岗情况很不理想,部分企业由于追求经济效益,没有按照高危行业从业标准经营,如三亚梦幻水上乐园在2015 年 10 月份被政府要求停业整顿。部分五星级酒店游泳池和滨海工作人员没有救生证,甚至用实习学生的救生证申请沙滩海域使用权。当前国家对安全生产要求更高,三亚市政府、三亚市旅游和文化广电体育局、三亚市综合执法局、三亚海事局对三亚市体育特有高危行业联合进行检查,不达标不允许经营,在这种背景下,海南省职鉴站不断加大游泳救生员培训,目前部分单位基本具备资质条件。调查中发现部分企业没有按照高危行业从业标准经营(见表 5.4)。

表 5.4 被调查企业休闲体育从业人员拥有职业资质人数

(单位:人)

	滨海休闲运动企业	水上乐园	五星级酒店康乐部	健身会所	商业体育综合场馆	体育文化发展公司
拥有职业资质人数	113	87	14	18	7	5
从业总人数	234	185	38	21	52	13
比例	48.3%	47.0%	36.8%	85.7%	13.5%	38.5%

(五) 对目前从业人员满意度调查

如表 5.5 所示,调查企业对目前从业人员比较满意的有 3 家、一般满意的有 10 家、不太满意的有 7 家。比较满意的是亚龙湾喜来登酒店和红树林酒店,如亚龙湾喜来登酒店康乐主管是亚龙湾区康乐部协会会长,从业时间较长,对酒店康乐部运作比较熟悉,对行业发展有一定的预见性,积累和储备了部分人才,并且为员工创造的环境比较宽松,经常举办各类培训活动,所以员工归属感较强,人才流动性不大。

表5.5　被调查企业对目前从业人员满意度调查

(单位:家)

满意度	滨海休闲运动企业	水上乐园	五星级酒店康乐部	健身会所	商业体育综合场馆	体育文化发展推广公司	合计
非常满意							
比较满意			3	1		1	5
一般	2	2	4	2		2	12
不太满意			5	1	1		7
很不满意							

被调查企业目前对从业人员不满意的原因主要有学历层次偏低、没有行业从业资质、行业认同感较差、职业素养差、主动服务意识不强、活动策划能力不足、会籍管理经验不足、营销能力不足、行业经验不足、场馆管理经验不足(见表5.6)。

表5.6　被调查企业对目前从业人员不满意的原因

单位	原　　因
滨海休闲运动企业	学历层次偏低、没有行业从业资质、行业认同感较差、职业素养差
水上乐园	学历层次偏低、没有行业从业资质、行业认同感较差
五星级酒店康乐部	职业素养差、学历层次偏低、服务意识不强、活动策划能力不足
健身会所	职业素养差、会籍管理经验不足、营销能力不足
商业体育综合场馆	学历层次偏低、活动策划能力不足、场馆管理经验不足
体育文化发展公司	行业经验不够、活动策划能力不足、营销能力
社区体育指导员	主动服务意识不强、活动策划能力不足

二、休闲体育专业人才需求状况

(一) 休闲体育专业人才需求程度

从表5.7可以看出,被调查的企业对休闲体育专业人才需求度较高。调查发现,休闲体育行业刚刚起步,经过一段粗放式发展之后,岗位需求表面上趋于饱和,但从当前休闲体育从业人员来源看,专业从业人员只占20%,大多数从业人员是通过企业内部培训,短期上岗,或是直接面向社会各业招聘,人员流动性大,服务质量极不稳定。休闲体育企业为了扩大经营规模、提高员工素质、提高服务质量、提高管理水平、提高经济效益,意识到必须吸纳具有行业从业资质的本科层次人才,因此休闲体育行业对本科及以上层次的人才需求量比较大。

表5.7　被调查企业休闲体育需求程度

（单位：家）

需求程度	滨海休闲运动企业	水上乐园	五星级酒店康乐部	健身会所	商业体育综合场馆	体育文化发展公司	合计
非常需要	2	2	2	2	1		9
比较需要			5	2		2	9
一般需要			4			1	5
比较不需要			1				1
很不需要							

（二）休闲体育专业人才需求类型及岗位

海南省休闲体育人才主要需求单位有滨海休闲运动企业、水上乐园、五星级酒店康乐部、健身会所、商业体育综合场馆、体育文化发展公司、社区体育指导员,不同单位所需求的岗位也不同(表5.8),将目标企业所对应的岗位人才需求类型分为两类:技能操作型和技能管理型。技能操作型主要是休闲体育技能指导与服务人才(包括项目教练、活动指导);技能管理型包括休闲体育活动组织策划人才、休闲体育企业(场所)经营管理人才、休闲体育(旅游)产品开发人才、休闲体育项目(产品、活动)市场营销人才(见表5.8)。

表5.8　休闲体育专业目标企业对应岗位

单位	岗位
滨海休闲运动企业	项目教练、项目管理人员、产品设计人员、产品营销人员
水上乐园	项目教练、项目管理人员、水上娱乐活动策划人员、产品设计人员、产品营销人员
五星级酒店康乐部	中级服务管理人员、康乐活动策划人员、产品设计人员、产品营销人员、各项目教练员、泳池/海边救生员

（续表）

单位	岗位
健身会所	体适能教练/私人教练、会籍顾问（健身产品营销）
商业体育综合场馆	项目教练、项目管理人员、活动策划人员、产品设计人员、产品营销人员、科学健身咨询人员、运动营养师
体育文化发展公司	体育活动（赛事）策划与组织、产品设计人员、体育项目推广
社区体育指导员	社区文体人员、企业活动策划人员

从调查的数据来看，目前技能操作型人才和技能管理型人才都比较欠缺，特别是休闲体育活动指导与服务人才、休闲体育产品开发人才、休闲体育活动组织策划人才。技能操作型是市场需求的主体，这类人才需要具备一定的行业资质，而且人才流动性较大。技能管理型人才主要紧缺休闲体育产品开发人才、休闲体育活动组织策划人才，目前各个景区和酒店都在走差异化发展道路，而差异化发展体现在为顾客提供个性化服务上，产品开发和活动策划就显得非常重要了。调查发现，所需求的两类人才都需要有一定的运动技能，需要有一定的管理知识，在实际工作中，既懂技能又懂管理的复合应用型人才晋升较快（见表5.9）。

表5.9　被调查企业休闲体育人才需求类型

（单位：家）

需求类型		滨海休闲运动企业	水上乐园	五星级酒店康乐部	健身会所	商业体育综合场馆	体育文化发展公司	合计
技能操作型	指导与服务人才	2	2	12	4	1	1	22
技能管理型	组织策划人才	1	2	8	4	1	3	19
	经营管理人才	2	2	6	4	1		14
	产品开发人才	2	2	11	4	1	3	23
	市场营销人才	2		5	4	1	3	15

（三）休闲体育专业人才需求规格

通过对24个企业的人事主管和部门主管进行调查，将休闲体育从业人员分为两类：技能操作型和技能管理型。技能操作型人才具备的知识结构排序为国家大政方针、政策法规等知识，运动专项知识，人体科学、心理学等体育科学基础知识，运动场地、器械知识，外语、计算机、网络、统计学、科研方法等工具性知识，休闲学知识。策划经营管理类人才具备的知识结构排序为国家大政方针、政策法规等知识,管理学知识,外语、计算机、网络、统计学、科研方法等工具性知识,营销学知识,旅游学知识,休闲学知识。

技能管理型人才具备的素质结构差异不大(见表5.10),都需要健康的职业形象、良好的思想道德素质、良好的身体素质、团队意识与协作精神、吃苦耐劳的精神、热爱休闲体育事业等。

技能操作型人才具备的知识结构排序为专项运动能力、技术教学、健身指导能力、人际沟通能力、简单保疗保健能力、活动策划能力、组织管理能力。技能管理型类人才具备的知识结构排序为活动策划能力、市场开发能力、人际沟通能力、组织管理能力、创新能力。

由表5.10和5.11分析可以看出,在培养休闲体育人才时可分类培养,一类是培养技能指导与服务类人才,一类是培养策划经营管理类人才,但两者的培养不能分开,侧重点不一样。技能指导与服务类人才偏重于服务技能的掌握,但还需懂一些经营与管理、组织与策划、产品开发与推广的知识;策划经营管理类人才偏重于经营管理策划的掌握,但还需懂一定的运动技能。因此我们在培养时,培养既懂一定运动技能、又懂经营与管理、组织与策划、产品开发与推广的相关知识的人才。根据表5.12统计结果,我们把休闲体育从业人员核心能力合并为四个:休闲体育技能指导与服务能力、休闲体育活动组织与策划能力、休闲体育企业(场所)经营与管理能力、休闲体育产品开发与推广能力。

表5.10 休闲体育从业人员知识结构统计($n=120$)

技能管理型	技能操作型	占比/%	技能管理型	占比/%
国家大政方针、体育政策法规等知识	120	100	120	100
外语、计算机、网络、统计学、科研方法等工具性知识	97	80.83	104	86.67
运动人体科学基础知识	117	97.5	43	35.83
运动营养学知识	103	85.83	75	62.5
体育学知识	120	100	120	100
心理学知识	107	89.17	87	72.5
休闲学知识	78	65	83	69.17
教育学知识	23	19.17	98	81.67
经营、管理学知识	67	55.83	107	89.17

（续表）

技能管理型	技能操作型	占比/%	技能管理型	占比/%
社会学知识	38	31.67	56	46.67
旅游学知识	45	37.5	89	74.17
运动专项知识	120	100	97	80.83
运动场地、器械知识	103	85.83	34	28.33

表5.11　休闲体育从业人员素质结构统计($n=120$)

素质结构	技能操作型	占比/%	技能管理型	占比/%
热爱党、热爱社会主义祖国	120	100	120	100
良好的思想道德素质	118	98.33	115	95.83
良好的人文修养	96	80	107	89.17
团结协作精神	118	98.33	116	96.67
吃苦耐劳的精神	118	98.33	107	89.17
安全与责任意识	103	85.83	103	85.83
求实进取的精神	98	81.67	96	80
热爱休闲体育事业	103	85.83	98	81.67
良好的身体素质	115	95.83	104	86.67
良好的心理素质	103	85.83	109	90.83
阳光健康的职业形象	116	96.67	114	95
主动服务的意识	101	84.17	105	87.5

综上所述，当前海南休闲体育企业从业人员中休闲体育专业从业人员不多、且学历层次低，从业者以技能型人才为主，管理型人才比例较低；拥有职业资质人数和比例较低；企业对从业人员满意度较低，主要原因有学历层次偏低、没有行业从业资质、行业认同感较差、职业素养差、主动服务意识不强、活动策划能力不足、会籍管理经验不足、营销能力不足、行业经验不足、场馆管理经验不足。企业对休闲体育专业人才需求度较高；主要需求单位有滨海休闲运动企业、水上乐园、五星级酒店康乐部、健身会所、商业体育综合场馆、体育文化发展公司、社区体育指导员；目前技能操作型人才和技能管理型人才都比较欠缺。

表 5.12   休闲体育从业人员能力结构统计 ($n = 120$)

能力类型	能力结构	技能操作型	占比/%	技能管理型	占比/%
一般能力	语言文字表达能力	97	80.83	116	96.67
	沟通交流能力	108	90	104	86.67
	社会适应能力	109	90.83	112	93.33
	团结协作能力	113	94.17	110	91.67
	获取信息能力	96	80	111	92.5
	创新创业能力	87	72.5	103	85.83
	计算机应用能力	83	69.17	99	82.5
	外语视听说写能力	103	85.83	104	86.67
	科研能力	34	28.33	83	69.17
核心能力	专项运动能力	120	100	57	47.5
	技术教学能力	116	96.67	43	35.83
	咨询指导能力	101	84.17	35	29.17
	组织策划能力	95	79.17	117	97.5
	经营管理能力	78	65	103	85.83
	产品开发能力	43	35.83	107	89.17
	市场营销能力	39	32.5	97	80.83
	实践操作能力	113	94.17	110	91.67

当前休闲体育专业人才需求的知识结构为技能操作型人才应具备国家大政方针、政策法规等知识,运动专项知识,人体科学、心理学等体育科学基础知识,运动场地、器械知识、外语、计算机、网络、统计学、科研方法等工具性知识,休闲学知识。策划经营管理类人才应具备国家大政方针、政策法规等知识,管理学知识,外语、计算机、网络、统计学、科研方法等工具性知识、营销学知识、旅游学知识、休闲学知识。休闲体育专业人才素质结构为健康的职业形象、良好的思想道德素质、良好的身体素质、团队意识与协作精神、吃苦耐劳的精神、热爱休闲体育事业等。休闲体育专业人才能力结构为既具备休闲体育技能指导与服务能力,又具备休闲体育活动组织与策划能力、休闲体育企业(场所)经营与管理能力、休闲体育产品开发与推广能力的应用型人才。

根据自贸区(港)建设实际,海南休闲体育专业方向初步确定为:亲水(滨海)运动方向、休闲健身方向、户外运动方向、休闲养生(康养)方向、高尔夫方向、休闲体育产业管理方向。

第六章

国标指导下海南休闲体育专业人才培养方案优化研究

第一节　我国休闲体育专业发展及人才培养现状

一、休闲体育专业设置情况

随着我国生产力水平的不断提升,人民收入水平的不断提高,居民生活方式也在变化,休闲时代的到来催生了休闲体育专业。休闲体育专业直到 2006 年才第一次作为目录外课程出现在《经教育部备案或审批同意设置的高等学校本科专业名单》中,武汉体育学院和广州体育学院成为首批获得招生资格的院校,从 2007 年开始招收第一届学生。2012 年休闲体育专业成为本科专业目录内特设专业。截至 2017 年超过 100 所高校取得了休闲体育专业办学资格,每所学校目前均已经招收了休闲体育专业学生,平均招生规模为 60 人左右(见表 6.1)。其中上海体育学院(2010 年)、杭州师范大学(2012 年)和广州体育学院(2013 年)获得了休闲体育专业研究生的招生资质。海南省目前有三亚学院(2011 年)、海南热带海洋学院(2012 年)、海口经济学院(2015 年)设置休闲体育专业,三亚学院于 2011 年获得办学资格,2012 年首次招生 90 人。

表 6.1　教育部备案设置休闲体育专业的高校

备案年份	学　　校	数量/所
2006	武汉体育学院、广州体育学院	2
2007	首都体育学院、上海体育学院、沈阳体育学院	3
2008	山东体育学院、西安体育学院	2
2009	杭州师范大学	1

（续表）

备案年份	学　校	数量/所
2010	常州大学、淮南师范学院	2
2011	北京体育大学、河北体育学院、曲阜师范大学、北京师范大学珠海学院、三亚学院、成都体育学院	7
2012	河北传媒学院、太原工业学院、吉林体育学院、淮海工学院、常州大学怀德学院、安庆师范学院、黄山学院、池州学院、湖北大学、武汉体育学院体育科技学院、广东海洋大学、广州大学松田学院、海南热带海洋学院、成都信息工程学院银杏酒店管理学院、成都文理学院（四川师范大学文理学院）、贵州大学、贵阳医学院	17
2013	安徽师范大学、成都理工学院、湖北经济学院等	26
2014	陕西理工学院、重庆文理学院、渤海大学、浙江传媒学院等	33
2015	郑州师范学院、湖北第二师范学院、阜阳师范学院、保定学院、成都理工大学、河北工程大学、宿州学院、铜仁学院、郑州成功财经学院	9
2016	河北民族师范学院、河北科技师范学院、齐鲁师范学院、贵州师范学院、四川农业大学、肇庆学院、三峡大学科技学院、湖南涉外经济学院	8
2017	鞍山师范学院、成都师范学院、山西农业大学、闽南理工学院、烟台大学、武汉华夏理工学院、湖南财政经济学院、深圳大学、重庆师范大学涉外商贸学院、电子科技大学成都学院、贵州民族大学人文科技学院、滇西应用技术大学	12

二、休闲体育专业人才培养目标

表 6.2 收集 25 所高校休闲体育人才培养目标，根据研究需要，将 25 所高校分为三类：体育院校（8 所）、地方院校（10 所）、民办和独立院校（7 所）。高校休闲体育人才培养定位为应用型人才、专门人才、复合型人才，25 所高校培养的全部是复合型人才，其中有 19 所高校为复合应用型人才，2 所为复合型专门人才。应用型人才是指能运用专业的知识解决实际问题的人才，专门性人才是指掌握某一专业顶尖技术的人才，复合型人才是指掌握系统的跨学科或专业知识与能力，对于各领域都能胜任的人。根据当前社会对于休闲体育专业学生的需求来看，需要服务于一线岗位的休闲体育人才，因此，培养目标为应用型人才较为合理。且 2009 年在北京召开全国体育院校休闲体育专业研讨会时专家达成共识认为，休闲体育专业人才培养目标是培养具有体育指导服务能力及具备经营管理能力的复合应用型人才。

表 6.2　25所高校休闲体育专业人才培养类型定位

（单位：所）

人才类型	应用型人才	专门人才	复合型人才
体育院校	6	2	8
地方院校	7		10
民办和独立院校	6		7
合计	19	2	4
海南高校	3		3

从培养目标具体指向来看,各大院校休闲体育专业旨在培养技术指导与服务、产品策划与设计、经营与管理、活动组织与管理、体育旅游、市场开发与营销、休闲体育研究、休闲体育教育等人才。由表6.3看出,休闲体育专业培养目标主要集中于培养技术指导与服务、产品策划与设计、经营与管理、活动组织与管理、体育旅游等方面。除了上述几个培养目标外,不同类型的高校培养目标略有所不同:体育院校偏重于培养休闲体育研究人才,地方院校偏重于培养体育旅游人才,民办院校偏重于培养休闲体育经营与管理、市场开发与营销人才。

表 6.3　25所高校休闲体育专业人才培养目标

（单位：所）

学校类型	技术指导与服务	产品策划与设计	经营与管理	活动组织与管理	体育旅游	市场开发与营销	休闲体育研究	休闲体育教育
体育院校	7	6	2	3	3	2	4	2
地方院校	10	10	7	8	7	3	3	3
民办和独立院校	5	5	6	3	1	3	1	2
合计	22	21	15	14	11	8	8	7
海南高校	3	2	2	3		2	1	

从以上分析来看,休闲体育专业培养目标定位为既能担任俱乐部健身教练和休闲体育指导人员的工作,又能从事休闲体育产业经营管理、休闲体育产业组织策划以及市场营销开发等工作的复合型应用人才。

三、休闲体育专业人才培养规格

　　培养规格是根据培养目标的要求,对培养对象所涉及知识范围、掌握技能程度及具有能力的高低制定的具体标准。因此在制定培养规格时,要求围绕培养目标,对培养对象提出更加具体的和更加明确的要求。对18所高校的人才培养规格进行分类统计,部分高校将培养规格表述为专业培养规格、培养具体要求、业务培养要求、毕业基本要求、基本要求、培养规格。人才培养规格主要从知识、能力、素质以及具备的从业资质四个方面进行培养。对18所高校培养规格中知识、素养、能力、职业资质方面进行归纳总结,其中得到具备的知识10项、具备的素质12项、具备的能力9项(见表6.4)。

表6.4　18所高校人才培养规格中所要求的知识结构、素质和能力结构

高校名称	不同表述	所列举知识*	所列举素质**	所列举能力***
武汉体育学院	培养具体要求	ABCDEFHI	ABCDEFGHIKL	ABCDH
广州体育学院	专业培养规格	ABCDEFHIJ	ABCDEFGIJK	ABCDI
首都体育学院	培养规格	ABCDEFGHIJ	ABCDEFGIJK	ABCDE
上海体育学院	业务培养要求	ABCDEFI	ABCDEFGIJKL	ABCDE
沈阳体育学院	培养规格	ABCDEFGI	ABCDFGHIKL	ABCDEG
山东体育学院	培养要求	ABCDEFI	ABCDEGHIJK	ABCDEFG
西安体育学院	培养规格	ABCDEFI	ABCDFGHIJKL	ABCDEFG
杭州师范大学	基本规格	ABCDEFHI	ABCDEFGHIKL	ABCDEGH
常州大学	毕业基本要求	ABCDEFHIJ	ABDEFGHIJL	ABCDEFI
北京体育大学	基本要求	ABCDEFHIJ	ABCDEFGHIKL	ABCDEFG
河北体育学院	培养规格	ABCDEFHIJ	ABCDEGHIK	ABCDEFG
曲阜师范大学	培养要求	ABCDEFHI	ABCDFGHIJ	ABCDI
淮南师范学院	专业培养要求	ABCDEFHI	ABDFHIJKL	ABCDEG
河北传媒学院	基本要求	ABCDEFIJ	ABDFGIJKL	ABCDEFGI
吉林体育学院	培养规格	ABCDEFIJ	ABCDEGIJKL	ABCDEFGI

（续表）

高校名称	不同表述	所列举知识*	所列举素质**	所列举能力***
北京师范大学珠海学院	基本业务规格	ABCDEFI	ABCDFGIJKL	ABCDE
海南热带海洋学院	培养要求	ABCDEFGIJ	ABCDEFGIJK	ABCDEFGI
三亚学院	培养规格	ABCDEFGIJ	ABCDEFGHIJK	ABCDEFGHI

注：＊A代表国家大政方针、政策法规等知识，B代表外语、计算机、网络、统计学、科研方法等工具性知识，C代表人体科学、心理学等体育科学基础知识，D代表休闲学知识，E代表教育学知识，F代表经济学与管理学知识，G代表社会学知识，H代表运动场地、器械知识，I代表运动专项知识，J代表旅游学知识。

＊＊A代表热爱党、热爱社会主义祖国，B代表良好的思想道德素质，C代表良好的文化修养，D代表热爱休闲体育事业，E代表吃苦耐劳的精神，F代表能力责任意识，G代表团队意识与协作精神，H代表求实进取的精神，I代表良好的身体素质，J代表良好的心理素质，K代表阳光健康的职业形象，L代表主动服务的意识。

＊＊＊A代表专项运动能力、B代表技术教学、咨询指导能力、C代表经营管理能力、D代表市场开发能力、E代表人际沟通能力、F代表组织策划能力、G代表科研能力、H代表运动康复保健能力、I代表创新能力。

在应具备的知识结构上（见表6.5），18所高校都要求学生具备运动专项知识，掌握国家大政方针、政策法规等知识，外语、计算机、网络、统计学、科研方法等工具性知识，人体科学、健身方法等体育科学基础知识，休闲学知识，经济学知识，管理学知识。部分高校还要求学生掌握社会学知识，运动场地、器械知识，旅游学知识。

表6.5　18所高校人才培养规格中所要求的知识结构统计

排序	知识结构	频数
1	A 国家大政方针、政策法规等知识	18
1	B 外语、计算机、网络、统计学、科研方法等工具性知识	18
1	C 人体科学、心理学等体育科学基础知识	18
1	D 休闲学知识	18
1	E 教育学知识	18
1	F 经济学知识、管理学知识	18
1	I 运动专项知识	18
2	H 运动场地、器械知识	15
3	G 社会学知识	10
4	J 旅游学知识	9

在应具备的素质结构上（见表6.6），18所高校都要求学生热爱党、热爱社会主

义祖国,良好的思想道德素质,热爱休闲体育事业,良好的身体素质。此外部分高校要求学生要有团队意识与协作精神、良好的心理素质、责任意识、良好的人文修养、吃苦耐劳的精神、主动服务的意识、阳光健康的职业形象、求实进取的精神。

表6.6   18所高校人才培养规格中所要求的素质结构统计

排序	素 质 结 构	频数
1	A热爱党、热爱社会主义祖国	18
1	B良好的思想道德素质	18
1	D热爱休闲体育事业	18
1	I良好的身体素质	18
2	G团队意识与协作精神	17
3	K阳光健康的职业形象	16
4	F责任意识	15
5	C良好的人文修养	14
6	J良好的心理素质	13
7	E吃苦耐劳的精神	12
8	H求实进取的精神	11
8	L主动服务的意识	11

在应具备的能力结构上(见表6.7),18所高校都要求学生具备专项运动能力、技术教学能力、健身指导能力、组织管理能力、市场开发能力、人际沟通能力。此外部分高校要求学生要有活动策划能力、科研能力、创新能力、运动康复保健能力。在大众创业、万众创新浪潮下,组织策划能力和创新能力是市场所急需的能力之一,应该作为人才培养的重要方面。

表6.7   18所高校人才培养规格中所要求的能力结构统计

排序	能 力 结 构	频数
1	A专项运动能力	18
1	B技术教学、咨询指导能力	18
1	C经营管理能力	18
1	D市场开发能力	18

（续表）

排序	能力结构	频数
1	E 人际沟通能力	18
2	G 科研能力	15
3	F 组织策划能力	9
3	I 创新能力	9
4	H 运动康复保健能力	2

当前,学生考取的证书有两类(见表 6.8):一类是职业资格证书,包括体育行业特有职业(工种)证书类、国家职业资格证书类(商业、服务业人员类)、境内外体育机构协会颁发的职业资格证书类。一类是水平证书类,包括大学英语等级证书、全国计算机等级证书、普通话水平测试等级证书、裁判员技术等级证书、运动员技术等级证书。18 所高校中有 10 所学校要求获取相关的职业资质,有 8 所学校未作要求。首都体育学院、杭州师范大学要求学生获得两项及以上的职业资质证书。西安体育学院要求学生获得国家一级社会体育指导员或一级健身指导员证书,上海体育学院要求学生专项技术达到学校准二级水平,曲阜师范大学要求学生的社会体育指导能力达到国家一级社会体育指导员等级。

表 6.8　18 所高校人才培养规格中所要求的获取证书类型

类型		证书种类
第一类	职业资格证书类	体育行业特有职业(工种)证书类:职业型社会体育指导员(各运动项目)、体育场地工、游泳救生员、体育经纪人
		国家职业资格证书类(商业、服务业人员类):导游证、营养师、人力资源管理师等、理财规划师、保健按摩师
		境内外体育机构协会颁发的职业资格证书类:亚洲体适能私教证书、中高协高尔夫球教练证书。
第二类	水平证书类	外语类:大学英语等级证书
		计算机类:全国计算机等级证书
		普通话类:普通话水平测试等级证书
		裁判等级证书类:裁判员技术等级证书
		运动员等级证书类:运动员技术等级证书

四、休闲体育专业开设的专业方向

休闲体育专业开设的专业方向如表 6.9 所示。

经统计,目前只有 10 所高校的休闲体育专业开设有专业方向,这些专业方向基本是结合地域特色和社会需求而开设,如沈阳体育学院开设有冰雪运动实践与指导、海南热带海洋学院开设有高尔夫、游艇运动,广东海洋大学开设有滨海体育等。休闲体育专业涵盖分支很广,这在国外同类学校的方向划分上已经体现,国内休闲体育专业划分的专业方向有限,导致了理论课程教学时数被挤压,技能项目开设较多,学生专业技能掌握不扎实,这在我们培养的过程中有所体现。要做到毕业生技术能力精细化,就要细化方向,增加方向内课程、技术深度、细度。第一,结合地域特色,全面考察消费者需求,了解消费者生活细节,统计需求比例,分析需求必要程度,进行需求分类;第二,根据市场需求调查及分类结果,划分休闲体育专业方向,力争涵盖全部必要的社会需求;第三,扩展每一方向的课程内容,增强课程针对性,细化技术能力,挖掘专业深度。因休闲体育专业在国内尚为年轻,经验不足,在方向细化上要多加借鉴国外专业经验,分析国外国内需求异同,结合国情吸收国外专业精粹,进行符合国情的特色、实际的方向划分(见表 6.9)。

表 6.9　休闲体育专业开设的专业方向

序号	学校	专业方向
1	广州体育学院	休闲体育及娱乐保健康复、休闲体育及娱乐经营管理和休闲体育及娱乐规划管理
2	武汉体育学院	休闲体育指导与推广、休闲体育经营与管理
3	上海体育学院	高尔夫、户外运动、健身操舞
4	沈阳体育学院	户外运动实践与指导、高尔夫运动实践与指导和冰雪运动实践与指导
5	首都体育学院	体育旅游与管理、体育健身与康乐和高尔夫
6	西安体育学院	休闲体育指导和休闲体育经营管理
7	山东体育学院	民间体育、时尚体育、奥运项目和体育游戏
8	海南热带海洋学院	高尔夫、游艇运动、体育休闲旅游
9	北京师范大学珠海分校	健身健美运动、户外运动、高尔夫
10	广东海洋大学	高尔夫、健身、滨海体育

五、休闲体育专业人才就业情况

从表 6.10,6.11 可见,休闲体育专业从 2007 年招生,到 2011 年首届毕业生毕业。休闲体育专业毕业生就业范围为休闲体育工商企业(如休闲度假村、高尔夫会所、健身休闲俱乐部、户外与拓展训练机构、星级酒店康乐部、体育旅游、体育咨询公司等),政府或公益机构(城市公共游憩空间、主题公园、体育协会、全民健身中心、公共体育活动与竞赛场所等),休闲体育事业机构(高等院校、研究所)及其他单位。可以看出休闲体育专业人才就业范围集中在休闲体育服务产业(体育赛事产业、休闲健身产业、体育旅游产业、体育文化产业),紧密结合当前行业需求,根据行业的需求有不断细分的趋势。根据统计结果,休闲体育毕业生毕业时就业人数为1 467 人,就业率为 93.38%,其中就业专业对口单位人数为 978 人,比例为 62.25%。82.82% 的毕业生选择在休闲体育工商企业就业、12.37% 的毕业生选择在政府或公益机构就业、4.81% 的毕业生选择在休闲体育事业机构就业。

表 6.10　休闲体育专业毕业生就业范围

序号	就 业 范 围
1	休闲体育工商企业(如休闲度假村、高尔夫会所、健身休闲俱乐部、户外与拓展训练机构、星级酒店康乐部、体育旅游、体育咨询公司等)
2	政府或公益机构(城市公共游憩空间、主题公园、体育协会、全民健身中心、公共体育活动与竞赛场所等)
3	休闲体育事业机构(高等院校、研究所)

表 6.11　休闲体育专业毕业人数统计($n=1571$)

(单位：人)

序号	学校	2011	2012	2013	2014	2015
1	武汉体育学院	60	70	70	70	70
2	广州体育学院	15	30	30	70	50
3	首都体育学院		40	40	40	40
4	上海体育学院		60	80	60	60
5	沈阳体育学院			50	50	50
6	西安体育学院			32	32	32

（续表）

序号	学校	2011	2012	2013	2014	2015
7	山东体育学院				40	50
8	杭州师范大学				30	50
9	北京体育大学					40
10	河北体育学院					40
11	南京体育学院					40
12	成都体育学院					40
13	吉林体育学院					40
	合计	75	200	302	392	602

第二节　海南休闲体育专业人才培养方案存在的问题

近年来,随着国际旅游岛国际影响力的不断提升和全面深化海南改革开放政策的驱动,海南休闲体育产业得到了前所未有的发展,很多休闲体育项目逐步进入海南。但目前海南休闲体育产业专业人才缺乏,而高层次的人力资源是休闲体育产业发展的必要条件。因此,为了适应国际旅游岛对休闲体育人才的不断需求,海南于2012年开始陆续有3所高校开设休闲体育专业,专业建设正处于探索中。2018年1月,教育部颁布《普通高等学校本科专业类教学质量国家标准》(以下简称《国标》),为休闲体育专业人才培养树立了标准。在人才培养的过程中,人才培养方案起着决定性的作用,教育部在《关于实施普通高等学校本科专业类教学质量国家标准的通知》里要求各高校根据《国标》修订人才培养方案,培养高质量、多样化的人才。本书在《国标》背景下对海南休闲体育专业人才培养方案进行研究,探讨专业人才培养目标、人才培养规格、专业课程体系等方面存在的问题,提出相应的建议,以期为提高休闲体育专业人才培养质量提供参考,更好地服务海南地方经济建设。

一、海南高校休闲体育专业设置情况

休闲体育专业在 2006 年经教育部同意设置为高校目录外专业(专业代码:040207S),2007 年武汉体育学院、广州体育学院开始试点招生,在 2011 年经教育

部同意设置为目录内特设专业(专业代码:040207T)。为了适应国际旅游岛休闲体育专业人才的需求,海南于 2012 年开始培养休闲体育专业人才。目前有三所高校先后设置了休闲体育专业,它们是三亚学院(民办,2012 年)、海南热带海洋学院(公办,2013 年)、海口经济学学院(民办,2015 年)。三亚学院已招生 7 届,目前每年的招生规模是 150 人左右;海南热带海洋学院已招生 6 届,招生规模是 150 人左右;海口经济学学院已招生 4 届,招生规模是 45 人左右。

二、休闲体育专业人才培养目标

(一) 人才培养定位

对三所高校 2016 版休闲体育人才培养方案进行分析。表 6.12 显示,海南三所高校休闲体育人才培养定位都是应用型人才,当前市场需要既具备一定理论基础和专业素养,又具备实践操作能力解决实际问题的人才。把应用型作为体育学类本科专业人才培养的基本定位,既能与体育学类本科专业的性质相符合,也能与更高层次人才培养的目标定位相区别。说明海南休闲体育人才培养定位是与社会需求相适应性的。

表 6.12　海南三所高校休闲体育专业培养目标

学校	培养目标
三亚学院	培养能够适应社会主义现代化建设和市场经济需要,德、智、体、美全面发展,具有良好道德文化修养,系统掌握休闲体育基本理论、基本知识和基本技能,具备休闲体育技能指导与服务能力、休闲体育活动组织与策划能力、休闲体育企业(场所)经营与管理能力、休闲体育产品开发与推广能力,能在亲水运动企业、星级酒店康乐部、休闲健身会所、户外与拓展培训机构、体育文化发展公司、体育场馆等企事业单位从事休闲体育教育、管理与服务等方面的工作,具有创新精神、实践能力、人格健康的应用型人才
海南热带海洋学院	培养德、智、体、美全面发展,系统地掌握休闲体育专业基础理论、基本知识和基本技能,了解休闲体育工作的基本规律,具有从事休闲体育组织管理、咨询、指导及教学科研等方面的基本能力;具有从事休闲体育市场开发、经营、策划和营销等工作能力的高素质、应用型专业人才
海口经济学院	培养德、智、体、美全面发展,具有较好的科学、文化素养和高度的社会责任感,具备现代教育、健康理念、富有创新意识和实践能力,较系统地掌握休闲体育学科专业理论和应用知识,熟练掌握一项休闲运动技能,熟悉运动技能指导、健康管理、大众体育项目开发与推广、休闲俱乐部经营管理的基本理论与方法,培养能从事指导、管理、服务休闲体育实践的应用型人才

（续表）

学校	培 养 目 标
高等学校体育学类本科专业教学质量国家标准	共性：培养德、智、体、美全面发展，具有较好的科学、文化素养和高度的社会责任感，具备现代教育、健康理念，系统掌握体育学基本理论、基本技能和基本方法，具有创新精神和实践能力，具备一定的体育科学研究能力，能从事与体育相关工作的应用型人才 个性：休闲体育专业的学生必须掌握休闲体育基本理论和方法，具备休闲体育项目策划与组织、休闲体育俱乐部经营与管理或体育旅游推广与经营或户外运动指导与管理的能力，能胜任休闲体育方面的工作

文献来源：三亚学院休闲体育专业人才培养方案（2016级）、海南热带海洋学院休闲体育专业人才培养方案（2016级）、海口经济学院休闲体育专业人才培养方案（2016级）。

（二）人才培养目标

培养目标是专业所要培养人才的方向、规格和要求，是教育目的具体化。三所学校的人才培养目标从人才需要达到的素质、掌握的知识和具备的能力进行了表述，与人才培养定位具有一致性。但只有三亚学院在具体从事的工作领域进行了表述，这样能让学生更清晰认识到自己未来所能从事的行业。目前国家号召"大众创业、万众创新"，部分高校在创新创业意识和能力上没有做具体要求。

（三）人才就业面向

就业面向主要指学生未来毕业时面向的企业及工作的岗位。海南体育产业主要优先发展全民健身服务业、培育发展体育竞赛表演业、大力发展海上休闲运动业、规范发展高尔夫产业。由表6.13可以看出休闲体育专业人才就业面向能紧密结合海南行业发展需求。目前就业面向主要为亲水运动企业、星级酒店康乐部、休闲健身会所、户外与拓展培训机构、体育旅游发展公司、体育文化发展公司、体育场馆、高尔夫球会、社区体育工作者、各类体育协会。主要从事休闲体育活动指导、场所管理经营、休闲活动策划等工作。从三亚学院刚毕业的一届学生来看，就业专业对口学生从事休闲健身和亲水运动培训工作占87%。

表6.13　海南三所高校的休闲体育专业人才就业方向

学校	就 业 方 向
三亚学院	能在亲水运动企业、星级酒店康乐部、休闲健身会所、户外与拓展培训机构、体育文化发展公司、体育场馆等企事业单位从事休闲体育教育、管理与服务等方面的工作

（续表）

学校	就 业 方 向
海南热带海洋学院	体育旅游休闲、海上休闲运动、高尔夫球会及休闲体育健身俱乐部、社区体育工作者、各类体育协会
海口经济学院	从事休闲运动组织、休闲资源管理、休闲产业开发经营、休闲项目设计策划、休闲体育活动指导，以及休闲体育训练、培训和管理服务等工作

（四）人才培养规格

表 6.14 显示，海南休闲体育人才培养规格和各校的人才培养目标基本一致。人才培养规格主要从素质、知识、能力以及获取的从业资质证书四个方面进行规定。在素质培养要求上基本一致；在知识上，要求掌握休闲体育的基本理论、基本知识和基本技能。在能力上，各校的分类标准不一样，三亚学院分为一般能力、核心能力和岗位能力，要求比较具体；其他两所高校能力和素质要求有些混淆和重复。在从业资质上，根据各校的专业方向要求获取的资质证书不一样，体现了各校的发展特色，海口经济学院要求学生毕业获取两个资质证书，其他两所学校要求至少获取一个资质证书。

表 6.14　海南三所高校休闲体育专业人才培养规格

学校	素质	知识	能力	其他要求
三亚学院	1. 共同素养：具备较高的思想道德水平和政治理论素养；具有正确的人生观、世界观和价值观；具有国防观念和国家安全意识；具有良好的人文素养和科学素质；具备人文情怀和生存智慧；具有一定的问题意识、反思意识、批判精神和创新精神；具有良好的心理素质和健身意识。 2. 专业素养：热爱休闲体育事业，具有良好的身体素质、阳光健康的职业形象、吃苦耐劳的精神、团队与协作精神、主动服务的意识、岗位安全与责任意识。熟悉国家有关体育事业的方针、政策、法规，了解国内外休闲体育的发展态势	具备体育学、休闲体育、运动人体科学、体育管理与市场营销的基本理论和基本知识	休闲体育研究的基本能力；具备休闲体育技能指导与服务的能力，具备休闲体育活动组织与策划能力；具备休闲体育企业（场所）经营与管理能力；具备休闲体育产品开发与推广能力；岗位能力：亲水运动方向、休闲健身方向（私人教练、塑体健身、太极养生模块）、户外运动方向、休闲体育产业管理方向	证书要求：要求学生毕业前至少获得一项职业资格证书。游泳救生员、游泳教练员、休闲潜水教练、帆板教练、帆船驾驶员、健身教练职业资格证书、武术社会体育指导员证书、户外运动指导员证书或户外拓展培训师、体育经纪人职业资格证书

（续表）

学校	素质	知识	能力	其他要求
海南热带海洋学院	热爱党、热爱社会主义祖国、热爱休闲体育事业，具有牢固的专业思想，高尚的职业道德和良好文化修养，为社会服务；具有对新知识、新技能的学习能力和创新能力；具有责任意识、团队意识与协作精神；具有一定的人文艺术素养；具有良好的身体素质与职业形象	了解中国特色社会主义理论体系的基本原理，了解国家的政治经济形势与政策，掌握必要的法律知识；掌握一门外国语，计算机知识和普通话达到教育部相应要求；了解一定的人文社科知识；掌握休闲体育基本理论、基本知识；掌握高尔夫运动、体育休闲旅游方面相关知识；掌握文献检索、资料查询的基本知识与方法，具备一定的自学和研究能力	具有较强的学习能力和利用现代化手段获取信息的能力；具有良好的语言文字表达能力和沟通交际能力；具有高尔夫、游艇运动、体育休闲旅游等方面工作的相关技能；具有从事体育旅游，或高尔夫运动休闲产业管理、咨询指导、经营开发等方面基本能力；能将专业知识与职业技能融会贯通，具有研究和解决休闲体育专业领域实际问题的能力	证书要求：要求学生毕业前至少获得一项证书。高尔夫球童、高尔夫裁判员证、高尔夫教练员证、导游资格证、游泳救生员证、潜水教练、NAUI、户外运动指导员、游艇驾驶证（海南省海洋局）、教师资格证书
海口经济学院	德、智、体、美全面发展，具有较好的科学、文化素养和高度的社会责任感	掌握休闲体育相关学科的基本理论、基本知识；掌握指导休闲体育、大众健身、体育旅游、体育赛事相关的运动技术和技能；了解国内外在休闲体育的前沿状况和发展动态	具有从事休闲体育活动的组织管理、咨询指导、经营开发及教学等方面的基本能力；具备相应的英语阅读和听说能力；较熟练运用计算机技术、网络技术和文献检索方法进行专业理论学习和研究	获得两个以上相关的社会工作或休闲体育、社会体育的职业资质证书

（五）课程体系

1. 课程体系框架

课程体系是人才培养的载体和体现，课程设置合理与否，课程质量高低，实施是否有效，都直接关系到人才培养的质量。表6.15显示，三所高校的课程框架体系有很大的差异，除了三亚学院外其他两所高校基本沿用了学科型人才培养的课程体系,这就造成了人才培养目标、能力培养与课程之间的脱节。三亚学院刚刚实施了应用型人才培养体系的改革,课程体系设计较为科学合理,也是与高等学校体育学类本科专业教学质量国家标准最为接近,它是以学生能力培养为导向的课程体系,能反映学生要达到的素养、能力与课程体系对应的人才培养路径。从课程类型来看,基本都包括了公共基础课、专业基础课、专业核心课、专业实践课、专业选修课、实践课等。此外,当前休闲体育专业创新创业课程还没有引起足够的重视,只有三亚学院将创新创业课程作为一个课程类型单列,而且学分学时也是最高的,达到 5 学分,而其他两所高校都是 2 学分。在教育部《关于深化高等学校创新创业教育改革的实施意见》中,要求将创新创业教育融入人才培养全过程,将专业教育和创业教育有机结合。

表 6.15　海南三所高校休闲体育专业课程体系框架

学校	课程体系框架
三亚学院	通识教育课程:共同基础课(公民基本教育课程、基本能力课程)、通识核心课程、第二课堂; 专业教育课程:学科基础课程、专业核心课、专业方向课(亲水运动、休闲健身方向、户外运动方向、休闲体育产业管理)、综合实践创新创业课程
海南热带海洋学院	必修课:公共基础课、专业基础课、专业核心课、集中性实践教学环节; 选修课:专长课(休闲体育旅游、高尔夫)、专业任意选修课、素质拓展类课程
海口经济学院	公共课:公共必修课、公共选修课、专业基础课; 学位课:学位必修课、学位限选课、专业方向模块(户外休闲、水上运动、体育俱乐部)、学位任选课;集中性实践教学环节;专业素质拓展类课程
高等学校体育学类本科专业教学质量国家标准	通识教育课程:由各校在教育部有关文件要求的基础上,根据学校的特点进行设置,体现学校特色; 专业教育课程:专业类基础课程、专业方向课程、专业拓展课程; 实践课程:涵盖专业见习、专业实习、社会实践与毕业论文(设计)等

2. 专业核心课程设置

专业核心课程能够反映学生所要掌握的与本专业密切相关的知识与技能,也能反映需要重点培养学生的素质和能力。目前,休闲体育核心课程主要分两类,理论课程和技能课程。按照高等学校体育学类本科专业教学质量国家标准对理论课程的要求,必须开设休闲体育概论、体育俱乐部经营与管理、体育旅游概论,海南高校基本达标。从技能课程来看,能体现海南地域特色,课程设置以滨海、户外、养生为主(见表 6.16)。

表6.16   海南三所高校休闲体育专业核心课程设置

学校	核心课程设置
三亚学院	休闲体育概论、体育管理学、体育市场营销、体育旅游概论、体育俱乐部经营与管理、体育赛事经营管理、体育场馆经营与管理、休闲活动策划与管理、休闲体育产品设计与开发、游泳、水上救生技术、休闲潜水、休闲高尔夫、健康体适能、健美操、民族传统类项目、时尚球类项目以及四个专业方向(亲水运动、休闲健身、户外运动、休闲体育产业管理)的相关课程
海南热带海洋学院	休闲体育导论、高尔夫运动与管理、体育旅游与管理概论、体育科研方法、体育经济学、运动解剖学、运动生理学、运动损伤康复学、游泳、水域运动系列体验(海钓、潜水、冲浪)等
海口经济学院	休闲体育概论、运动解剖学、运动生理学、体育管理学、体育俱乐部的经营与管理、健康体适能理论与实践、体育保健学、传统体育养生理论与功法、攀岩、户外拓展、田径、体操、武术、羽毛球、乒乓球、篮球、排球、足球、网球、游泳等
高等学校体育学类本科专业教学质量国家标准	休闲体育的基本理论,休闲体育项目策划与组织,户外运动指导,休闲体育俱乐部和体育旅游的经营与管理等

3. 专业方向的设置

要培养学生技能精细化,就要细化专业方向,增加方向课程的深度和广度。表6.17显示,海南休闲体育专业方向的设置是结合地域特色和社会需求而开设的,但缺少休闲养生类和休闲体育产业管理类专业方向。专业方向课三所高校开设的学分和开课学期不一样,究其原因,三亚学院在专业核心课上开设了与专业方向相关的课程,课程时数在5~7学分不等,因此专业方向课程学分有些偏少,开课学期也有些迟。从学生技能的掌握上来说,开课学分越多、开课越早越有利于学生掌握技能,建议专业方向课在25学分左右,开课学期从第三学期较为合适。

表6.17   海南三所高校休闲体育专业开设的专业方向

学校	专业方向	学分	开设学期
三亚学院	亲水运动、休闲健身(私人教练、塑体健身、太极养生模块)、户外运动、休闲体育产业管理	10	6
海南热带海洋学院	高尔夫运动、体育休闲旅游	32	5
海口经济学院	户外休闲、水上运动、体育俱乐部	15	3

三、海南休闲体育专业人才培养方案存在的问题及建议

（1）海南休闲体育专业人才培养定位为应用型人才，它与社会需求是相适应性；人才培养目标从人才需要达到的素质、掌握的知识和具备的能力进行表述，与人才培养定位具有高度一致性；人才服务面向能紧密结合海南休闲体育行业的发展需求，就业面向主要为亲水运动企业、星级酒店康乐部、休闲健身会所、户外与拓展培训机构、体育旅游发展公司、体育文化发展公司、体育场馆、高尔夫球会、社区体育工作者、各类体育协会，主要从事休闲体育活动指导、场所管理经营、休闲活动策划等工作。在人才培养目标上，增加对学生未来从事的工作领域进行了表述，使学生的学习更有指向性；在双创趋势下，人才培养目标要增加创新创业的培养目标。

（2）休闲体育人才培养规格从素质、知识、能力以及获取的从业资质证书四个方面进行规定，与各校的人才培养目标基本一致，但人才培养规格的素质和能力划分不清晰，表述重复。在人才培养规格上，结合行业人才需求，对各类岗位所需具备的素质、能力进行分解，进一步明确和细化，更有利于将素质和能力要求落实于课程中。

（3）海南高校之间休闲体育课程框架体系有很大的差异，但课程类型基本一致，除了三亚学院外其他高校基本沿用了学科型人才培养的课程体系，它不能反映以能力为导向的应用型人才培养特征；创新创业课程还没有引起足够的重视。专业核心理论课程以休闲体育、体育旅游、体育俱乐部与管理为主，专业核心技能课程以滨海、户外、养生为主。专业方向结合了地域特色和社会需求进行了设置，但缺乏休闲养生类和休闲体育产业管理类方向。在行业调研的基础上，确定岗位需要的素养和能力，然后确定所对应的课程，从而构建以能力培养为导向的应用型人才课程体系，使能力培养与课程体系的对应性更加清晰。增加创新创业类课程，将创新创业教育融入人才培养全过程。增加休闲养生类和休闲体育产业管理类专业方向。

第三节　休闲体育本科专业国家教学质量标准解读

《高等学校体育学类本科专业教学质量国家标准》解决了专业建设无规可循的

问题,为体育学各专业建设指明了方向。对《高等学校体育学类本科专业教学质量国家标准》中有关休闲体育专业的建设要求进行了整理,为制定休闲体育专业人才培养方案提供了指南。

一、培养目标

(一) 基本培养目标

培养德、智、体、美全面发展,具有高度的社会责任感、较好的科学和文化素养,具备现代教育、健康理念,系统掌握体育学基本理论、基本技能和基本方法,具有创新精神,具备一定的体育科学研究能力,具有创业意识,具备一定的创业素质和创业能力,能够从事群众体育事业、竞技体育事业、体育产业相关工作的应用型人才。

(二) 休闲体育专业培养目标

休闲体育专业的学生必须掌握休闲体育基本理论和方法,具备休闲体育项目策划与组织、休闲体育俱乐部经营与管理、体育旅游推广与经营、户外运动指导与管理的能力,能胜任休闲体育方面的工作。

(三) 学校制订专业培养目标的要求

各高校在基本培养目标和具体培养目标的基础上,根据学校自身条件和办学特色,深入分析经济社会发展和学生未来发展需求,制定合适的、细化的人才培养目标,制定合适的专业人才培养目标,建立必要且有效地定期评价有效机制,适时调整专业发展定位和人才培养目标,以适应经济社会和体育事业发展需要。

二、培养规格

(一) 素质要求

1. 基本素质

热爱祖国,拥护中国共产党的领导,牢固树立并践行社会主义核心价值观,具有高度的社会责任感和良好的敬业精神、较强的创新精神和实践能力;遵纪守法,诚实守信,恪守学术道德规范;具有人文情怀、科学素养和审美情趣,具有弘扬中华民族体育文化精神的自觉意识;具有强健的体魄、积极的人生态度和良好的心理素质。

2. 专业素质

掌握体育学的基本理论、基本技能和基本方法,具备较强的专业技能;初步掌握体育学研究的基本手段和方法,能够运用体育学的理论和技能分析和解决本专业领域各种实际问题;了解国家有关体育工作的方针、政策和法规;获得相关领域工作所需的创新精神、创业意识、创新创业能力和从业资格。

(二) 知识要求

1. 素养类知识

具有较良好的思想品德修养;掌握一定的自然科学、人文社会科学和创新创业知识,熟悉1门外语,能基本阅读与本专业有关的外文文献;熟练掌握计算机的应用知识;具有健康生活方式的有关知识。

2. 专业类知识

系统掌握体育学基础知识和各个分支学科的专门知识;理解运动技能的有关原理;了解体育改革与发展动态以及体育科研发展趋势;初步掌握体育科学研究方法,能够撰写体育学术论文和研究报告。

(三) 能力要求

1. 获取与应用知识的能力

具有自主学习、自我发展的能力,能够利用现代化手段获取信息,语言文字表达能力良好。

具备较强的专项运动技能,能将专业知识与技能融会贯通;具有求真务实的科学态度,初步具有研究和解决体育专业领域实际问题的能力;具有适应未来工作所需的操作能力和管理能力。

2. 创新创业能力

富有创新精神,具备敏锐的观察力和分析问题、解决问题的能力,基本具备从事体育科学研究的能力;具备创业认知能力、专业职业能力、资源获取与整合能力;具有独立工作能力、沟通联系能力、合作协调能力。休闲体育专业可相对强调学生创业意识和创业能力的培养。

3. 社会服务能力

具有公共服务意识和公益精神,具备社会服务的基本技能与方法,具有较强的团队精神、协作能力,能够从事与体育有关的社会服务工作。

　　各高校根据自身专业定位和人才培养目标,在上述培养规格的基础上,可以强化或者增加某些方面的素质、知识和能力要求,形成人才培养特色。

三、学制、学分与学位

　　学制：一般为 4 年。实施学分制的学校,根据学分获得情况,允许学生提前毕业或者延迟毕业,学习年限原则上为 3～6 年。

　　学分要求：总学分为 140～170 学分。各高校可根据实际情况做适当调整。

　　学位：授予教育学或理学学士学位。

四、课程体系及说明

(一)课程体系总体框架

　　休闲体育专业课程体系主要由通识教育课程、专业教育课程和实践课程组成。

　　通识教育课程由各高校在教育部有关文件要求的基础上,根据学校的特点进行设置,彰显学校特色。

　　专业教育课程由专业类基础课程、专业核心课程、专业拓展课程等构成。专业类基础课程设置应体现学科知识体系中的核心知识领域;专业核心课程设置应体现实现各专业培养目标所要求掌握的核心知识、基本的运动技能或应具备的核心能力;专业拓展课程设置应反映学科前沿和学校特色,拓宽专业知识和提升专业技能水平。

　　实践课程应涵盖专业见习、专业实习、社会实践、创新创业实践与毕业论文(设计)等,以提高学生应用知识的能力。专业见习应体现理论结合实践,强化专业知识,为专业实习做好准备;专业实习应重点培养适应未来工作所需的操作能力和应用知识的能力;社会实践应着重培养适应未来工作所需的综合素质;创新创业实践应结合各专业人才培养目标,着重培养相关专业领域的创新能力和创业能力;毕业论文(设计)应体现创新意识和从事体育科学研究的能力。

(二)专业知识体系

　　专业知识体系是由学科基础知识、专业核心知识、专业实践三个方面构成。

1. 学科基础知识

学科基础知识包括体育的基本概念、本质、功能等,人体运动的执行结构,人体运动的基本功能;体育运动过程的心理现象与规律,体育的社会现象及规律,健康教育的基本理论;体育科学研究方法与手段等知识。

2. 专业核心知识

专业核心知识主要由不同专业的基本理论与方法、运动技能理论与实践构成。

运动技能的理论与实践主要包括田径类、体操类、球类、武术与民族传统体育类、游泳类、冰雪或滨海类、健身休闲类、户外运动类等。

休闲体育理论与方法主要包括休闲体育的基本理论、休闲体育项目策划与组织、户外运动指导、休闲体育俱乐部和体育旅游的经营与管理等。

3. 专业实践

专业实践由专业见习、专业实习、专业实训、创新创业实践、毕业论文(设计)、学术交流等环节构成。

(三) 专业课程体系

1. 通识教育课程

通识教育课程由公共必修课程和公共选修课程构成。公共必修课程包括思想政治理论课、创新创业教育课程、军事理论与训练、大学外语、计算机应用基础等教育部有关文件要求的必修课程,以及学校根据自身特点、彰显学校特色而开设的通识教育课程。公共必修课程的设置,应在教育部有关文件规定的基础上,由各高校结合实际合理安排学分。公共选修课程应包括人文社会科学、自然科学领域的相关课程,由各高校结合实际自主开设,不少于 3 门(6 学分)。

2. 专业教育课程

(1) 专业类基础课程。

专业类基础课程是专业必修课程,是体育学类本科专业均须开设的课程,包括体育概论、体育社会学、体育心理学、运动解剖学、运动生理学、健康教育学、体育科学研究方法等 7 门课程,总学分不少于 16 学分。每门课程的学分可以根据专业方向、学校特点而定。

(2) 专业核心课程。

专业核心课程重点突出与本专业密切相关的理论知识与技术技能,属于专业必修课程,总学分不少于 22 学分,课程开设采用"3+X"模式,其中"3"是指各专业最核心的 3 门专业课程,"X"是指根据各专业的培养目标而设立的专业课程。本标准对"X"课程的门数和学分不做具体规定,"X"课程可在本标准推荐的 3 个课程模块(表 6.18)中选择,也可以根据专业、学校特点自主设置。各专业最核心的 3 门专业方向课程具体为体育教育专业须开设学校体育学、体育课程与教学论、运动技能学习与控制;运动训练专业须开设运动训练学、运动技能学习与控制、体育竞赛学;社会体育指导与管理专业须开设社会体育导论、健身理论与指导、体育市场营销;武术与民族传统体育专业须开设民族传统体育概论、中国武术导论、中国传统养生理论;运动人体科学专业须开设运动机能生理生化测试(实验)、体质测量与评价、运动处方理论与实践;运动康复专业须开设康复评定学、运动康复治疗技术、肌肉骨骼康复;休闲体育专业须开设休闲体育概论、体育旅游概论、体育俱乐部经营与管理。

(3) 专业拓展课程。

专业拓展课程属选修课程,凡是未被列入必修课程和本标准推荐的 3 个课程模块的课程,均可作为专业拓展课程的备选课程,专业拓展课程也可以根据专业、学校特点自主设置,学分不少于 40 学分。

3. 实践课程

实践课程包括社会实践、专业实践、创新创业实践、科研训练等课程,总学分不少于 14 学分。社会实践包括入学教育、军事训练、劳动教育、社会调查、毕业教育和就业指导等。专业实践包括专业见习、专业实习;专业见习 1~2 周,专业实习 12~20 周(其中运动康复专业实习 24~40 周)。创新创业实践包括体育科技创新、创意设计、创业计划、创业训练等。科研训练包括毕业论文(设计)、学术活动等(见表 6.18)。

表 6.18 体育学类本科专业推荐课程模块

模块名称	课 程 名 称		
运动技能课程模块	田径类	体操类	球类
	游泳类	武术与民族传统体育类	冰雪或滨海类
	户外运动类	健身休闲类	
理论课程模块一	体育统计学	运动心理学	体育保健学
	运动营养学	运动生物化学	运动生物力学
	运动处方理论与实践	体质测量与评价	运动机能生理生化测试(实验)
	运动技能学习与控制	运动伤害防护与急救	运动训练生物学监控
	康复评定学	运动康复治疗技术	肌肉骨骼康复
	慢性疾病康复	神经病损康复	运动损伤与康复
	体能训练理论与方法	运动医务监督	锻炼心理学

（续表）

模块名称	课 程 名 称		
理论课程模块二	体育法学概论	体育管理学	体育史
	学校体育学	体育课程与教学论	体育教材教法
	体育游戏	体育绘图	运动训练学
	体育竞赛学	奥林匹克运动	社会体育导论
	健身理论与指导	体育市场营销	体育经济学概论
	社区体育	体育场馆经营与管理	体育社会组织建设与管理
	体育产业概论	民族传统体育概论	中国武术导论
	传统体育养生理论	中国武术史	民族民间体育
	休闲体育概论	体育旅游概论	休闲体育项目策划与管理
	体育赛事管理	健身俱乐部经营与管理	

4. 课程体系说明

本着拓宽专业口径、强化专业技能、培养创新意识、锻炼创业能力、注重个性发展、提高综合素质的精神，以学科交叉融合、压缩重合内容、优化课程体系、重视前沿知识、突出地方特色、提高教学质量为主线，在专业课程体系构建上，坚持原则性与灵活性相统一。各高校可根据实际情况，突出传统或地域优势，设置专业核心课程和专业拓宽课程，彰显办学特色。

通识教育课程、专业教育课程和实践课程总学分原则上控制在 140～170 学分。其中，专业教育必修课程不少于 40 学分，专业教育选修课程不少于 40 学分，实践课程不少于 14 学分。

公共课程中的思想政治理论课的设置按照中共中央宣传部、教育部《关于进一步加强和改进高等学校思想政治理论课的意见》（教社政〔2005〕5 号）、《高等学校思想政治理论课建设标准》（教社科〔2015〕3 号）执行，创新创业课程按照国务院办公厅《关于深化高等学校创新创业教育改革的实施意见》（国办发〔2015〕36 号）有关要求设置，外语和计算机等课程各高校可结合学生的具体情况，按照本专业的要求设置。

增加学校课程设置的自由度，各学校自主开设的专业课程，应适应社会对人才培养多样化需求，满足学生升学深造及就业创业的需要，形成专业特点和学校特色鲜明的课程体系。

创新创业教育理念和要求在体育学类本科专业课程设置上的投射和体现,应具体结合各专业的培养目标和特点,在充分挖掘本专业课程创新创业教育资源的基础上,开发、开设与本专业类相关方法、学科前沿、创业基础、就业创业指导等方面的公共必修课程和选修课程,促进专业教育与创新创业教育有机融合,实现在传授专业知识过程中加强创新创业教育。

各高校应强化实践教学环节,尤其是专业实习须有具体的计划、明确的内容,经费的保障,以确保专业实习的效果。实践教学课程学分的设置,可在本标准要求的基础上适当增加,以激励学生积极参与实践活动,不断提高实践能力。

第四节　海南休闲体育专业应用型人才培养方案优化

一、应用型人才培养改革方案逻辑路径与过程设计

(一) 修订完善应用型专业人才培养方案的逻辑路径

为落实应用型人才培养目标定位,必须到服务区域企事业单位开展广泛深入的专业人才培养方案编制调研工作,了解休闲体育岗位群、休闲体育岗位专业能力、各能力要素及具体内容/指标。按照学校人才培养目标定位→专业培养目标→专业培养规格(即能力体系设计)→课程体系(落实培养目标和能力标准的载体)的逻辑路径,对本科专业人才培养方案进行全面修订。

(二) 应用型人才培养的过程设计

(1) 大一大二"重基础",即学生完成专业基础知识和基本技能的培养,使学生打下扎实的专业基础,并为学生配备班导师(具有行业资质的双师型教师),使学生较早的了解行业背景。专业基础知识包括体育基本理论、休闲基本理论、从事休闲体育所需的运动人体基本知识、体育管理的基本知识。基本技能主要指运动技能,以滨海项目和新兴项目为主,如游泳、救生、休闲潜水、休闲健身、健美操、太极拳、网球、高尔夫等。同时从进校门开始配备双师型班导师,从入学教育开始配备行业导师,再通过大一参观行业和暑期认知实习,达到认知行业和岗位。

(2) 大三上学期"专业实习",即学生面向行业、基于问题的学习。学生在还没

有完全掌握本专业知识的情况下,参与到具体实践中,使学生在实践中发现知识和能力方面的缺陷与不足,然后带着问题回来再学习,有效地提高学习兴趣和动力,使学生对未来所从事的职业有更进一步的认识,能够做出针对性的规划,为选择后面学习的专业方向做好准备。制定初步的职业规划。

(3)大三下学期至大四"精方向",根据学生兴趣和专业实习情况,明确未来从业方向,选择自己的专业方向(专项)进行深入学习,同时增加相关管理理论知识的学习,拓宽学生视野和能力。在此基础上,逐步确定未来的就业方向,增强与实习单位以及行业之间的联系,并利用课外和假期进一步进行专业社会实践。

(4)大四下学期"促就业",通过毕业实习和毕业论文(设计),综合提高学生的能力和素质,进一步锻炼学生实践能力,从而促进就业。促就业贯穿于整个大学四年,大四下学期只是对"促就业"工作的一个检验。

二、应用型人才培养方案的制定

(一)确定培养目标

本专业培养能够适应社会主义现代化建设和市场经济需要,德、智、体、美全面发展,具有良好道德文化修养;系统掌握休闲体育基本理论、基本知识和基本技能,具备休闲体育活动策划与指导、休闲体育经营与管理能力;能在体育企事业单位、街道社区或休闲体育服务行业从事休闲体育指导与管理等方面工作;具有创新精神,实践能力,人格健康的应用型专门人才。

(二)专业培养规格(即能力体系设计)

1. 本专业应掌握的基本知识和基本理论

(1)牢固掌握马列主义、毛泽东思想、邓小平理论等政治理论、同时学习一定相关专业人文通识知识(文、史、哲、艺术等)。

(2)熟悉国家有关体育事业的方针、政策、法规,了解国内外休闲体育的发展态势。

(3)掌握休闲体育的基本理论和基本知识,掌握休闲体育活动策划与指导、休闲体育经营与管理的基本理论和基本知识,并能够运用休闲体育相关理论分析解决实际中的问题。

(4)掌握体育科学研究的基本方法,并具备从事体育科学研究(特别是休闲体育)的基本能力。

2. 本专业应具备的专业基本技术技能

(1) 熟悉休闲体育运动项目,系统掌握专项休闲体育运动技能特别是水上项目的运动技能,具备相应等级的职业资格证书,能从事休闲体育活动策划、指导与推广工作。

(2) 具有良好的专业语言表达能力和良好的沟通交际能力,具有创新精神和较强的实践能力,具备从事休闲体育俱乐部经营与管理、体育服务营运管理的基本技能。

(3) 掌握计算机办公操作的基本知识;掌握体育英语,能阅读休闲体育专业的英文书刊,能用英语在休闲体育场合进行会话和交流。

3. 休闲体育专业模块化课程体系的设计

(1) 课程体系的建构的理论(落实培养目标和能力标准的载体)。

课程体系的建构必须符合职业岗位技术发展的核心知识、关键能力及训练模式。以休闲体育人才市场需求为导向,通过深入服务地区行业调查,课程设置要能够满足服务地区休闲体育职业岗位细化的要求。以模块为单元建构,在充分分析休闲体育某一职业所对应的岗位群(或岗位)所需要能力的基础上,围绕特定的主题或内容对原有教学内容进行重新整合,所构建出的以能力为核心的、独立的教学单元的组合。

(2) 课程模块:基本素质模块 + 专业基础模块 + 专业应用模块。

基本素质模块:主要包括公共基础模块、公共选修模块及综合素质模块。学校统一开设的基础课、人文通识选修课及其他综合素质模块。

专业基础模块:主要包括专业理论模块、专业基本技能模块和专业选修模块。专业基础模块注重为学生将来就业做好知识、能力及心理等方面的准备,强调的是掌握相关的工具性知识和基础能力。专业基础理论模块:运动机能基础模块(解剖、生理、保健)、体育理论模块(体育概论、体育社会学、体育心理学)、休闲知识模块(基础休闲学、体育休闲娱乐导论)、体育经营与管理模块(体育管理学、体育市场营销)。专业基本技能模块:游泳、水上救生技术、休闲潜水、跆拳道、休闲高尔夫、网球、健康体适能、健美操(所有课程引入行业从业要求进行设计,鼓励部分学生考取相关职业资质证书和从业资质证书,如国家高危行业证书、国家社会体育指导员证书)。专业选修模块:专业知识的拓展和能力的提高模块,如体育外语(英语、俄语)等。考研模块:考取体育类研究生的相关课程。

专业应用模块:主要包括专业核心课程模块、项目实验实践模块、毕业实习。

专业应用模块是包括专业核心课程的模块,是直接面向就业岗位培养学生从事某一具体职业的能力,实现应用型、技能型人才培养目标的核心模块。专业应用模块则注重就业岗位的具体要求,强调的是学生的实践能力。休闲体育服务与营运模块(休闲体育经营与管理、体育俱乐部经营管理、体育服务运营管理、体育教学计划编制与案例、社区体育指导、休闲体育服务礼仪与技能);休闲体育专项运动技能模块(专业方向课);实践模块:专业认知实习(大一)→专业实习(大三上学期)→毕业实习(大四下学期)。

三、休闲体育专业应用型人才培养方案的实施

(1) 充分动员全体教师,提高认识,形成一致的思想、理念和行动。

(2) 深入服务区域行业、企事业单位(酒店康乐部、水上乐园、健身会所、滨海体育休闲企业)开展广泛的调研工作,了解本地区休闲体育岗位群、休闲体育岗位专业能力、各能力要素及具体内容和指标。

(3) 设计方向(专项)课程,引入职业资格标准修订专业培养目标。

(4) 根据不同方向(专项)设计人才培养规格(即能力体系设计)。

(5) 根据行业能力体系重构专业课程体系(落实培养目标和能力标准的载体)。

(6) 鼓励行业参与人才培养过程和课程的设计。

(7) 强化校外实习基地建设,使校外实习基地真正成为培养学生走向社会的起点。

(8) 鼓励教师深入休闲体育企业考察、学习,强化教师实践教学环节的培训。

第五节　三亚学院休闲体育专业人才培养方案

一、人才培养目标和规格

本专业培养能够适应社会主义现代化建设和市场经济需要,德、智、体、美全面发展,具有良好道德文化修养,系统掌握休闲体育基本理论、基本知识和基本技能,具备休闲体育技能指导与服务能力、休闲体育活动组织与策划能力、休闲体育企业(场所)经营与管理能力、休闲体育产品开发与推广能力,能在亲水运动企业、星级

酒店康乐部、休闲健身会所、户外与拓展培训机构、体育文化发展公司、体育场馆等企事业单位从事休闲体育教育、管理与服务等方面的工作,具有创新精神、实践能力、人格健康的应用型人才。

二、人才培养标准

(一) 基本素养

共同素养:具备较高的思想道德水平和政治理论素养;具有正确的人生观、世界观和价值观;具有国防观念和国家安全意识;具有良好的人文素养和科学素质;具备人文情怀和生存智慧;具有一定的问题意识、反思意识、批判精神和创新精神;具有良好的心理素质和健身意识。

专业素养:热爱休闲体育事业,具有良好的身体素质、阳光健康的职业形象、吃苦耐劳的精神、团队与协作精神、主动服务的意识、岗位安全与责任意识。熟悉国家有关体育事业的方针、政策、法规,了解国内外休闲体育的发展态势。

(二) 核心能力

1. 一般能力

具备体育学、休闲体育、运动人体科学、体育管理与市场营销的基本理论和基本知识、休闲体育研究的基本能力。

2. 专业能力

(1)具备休闲体育技能指导与服务的能力,主要包括专项运动能力、技术指导能力、咨询服务能力。

(2)具备休闲体育活动组织与策划能力,主要包括根据不同条件策划适宜开展的休闲体育活动、制定休闲体育活动方案、组织实施休闲体育活动、预防与处理休闲体育活动中的突发事件。

(3)具备休闲体育企业(场所)经营与管理能力,主要包括休闲体育企业(场所)经营管理的运作程序、方法和手段,特别是体育场馆、健身俱乐部、酒店康乐部的运营和管理。

(4)具备休闲体育产品开发与推广能力,主要包括休闲体育市场需求调研的基本程序与方法、对现有休闲体育产品进行整合创新的方法、休闲体育新产品设计与推广。

3. 岗位能力

(1) 亲水运动方向：具备亲水运动(休闲潜水、帆船、帆板、冲浪、皮划艇、游艇等)技能指导与服务能力、亲水活动的组织与策划能力、亲水俱乐部经营与管理能力、亲水运动产品开发与推广能力，并考取游泳救生员、游泳教练员或休闲潜水教练、帆板教练、游艇驾驶员、帆船驾驶员等职业资格证书。

(2) 休闲健身方向：私人教练模块，具备私人教练个性化指导与服务能力、健身俱乐部的经营与管理能力、健身健美活动的组织与策划能力、健身健美产业市场开发与推广能力，并考取健身教练职业资格证书；塑体健身模块，具备健身操舞的技能指导与服务能力、健身俱乐部的经营与管理能力、健身操舞的组织与策划能力、健身操舞创编与推广能力，并考取健身教练职业资格证书；太极养生模块，具备太极养生运动的技能指导与服务能力、太极养生运动的组织与策划能力、太极养生运动的推广能力，并考取武术项目社会体育指导员证书。

(3) 户外运动方向：具备户外运动的技能指导与服务能力、户外俱乐部的经营与管理能力、户外运动的组织与策划能力、户外运动产品开发与推广能力，并考取户外项目社会体育指导员证书或户外拓展培训师。

(4) 休闲体育产业管理方向：具备休闲体育产业政策分析能力、休闲体育服务运营与管理能力、休闲体育产业经营与管理能力、休闲体育市场营销能力，并考取体育经纪人职业资格证书。

三、学制

学制为 4 年。

四、修业年限

修业年限为 4～6 年。

五、毕业学分要求

毕业学分要求为 155 学分。

六、授予学位

授予学位为教育学学士学位。

七、主要课程

休闲体育概论、体育管理学、体育市场营销、体育旅游概论、体育俱乐部经营与管理、体育赛事经营管理、体育场馆经营与管理、休闲活动策划与管理、休闲体育产品设计与开发、游泳、水上救生技术、休闲潜水、休闲高尔夫、健康体适能、健美操、民族传统类项目、时尚球类项目以及四个专业方向（亲水运动、休闲健身、户外运动、休闲体育产业管理）的相关课程。

八、教学进程

三亚学院休闲体育专业人才培养方案学分课时分配与教育进程如表 6.19～表 6.21 所示。

表 6.19   总学时、总学分及其课程模块与比例

总学分	155		总学时	1 785
课程模块	学分	比例	学时	比例
通识教育课程	51.5	33.23%	630	35.29%
专业教育课程	98.5	63.55%	1 080	60.50%
创新创业课程	5	3.23%	75	4.20%

第六节   三亚学院休闲体育专业人才培养方案的实现途径

休闲体育专业以服务海南社会经济发展为宗旨，依托海南休闲体育资源禀赋，依据市场需求办专业。初步构建以能力培养为主线的应用型人才课程体系。以"内培为主、外引为辅"，建设了一支专兼结合的"双师型"教学团队。不断完善规章

表6.20　教学进程表（一）

课程类型	课程编号及项目	课程名称	学分	总学时			周学时											考核方式
				合计	理论	实践	第一学年			第二学年			第三学年			第四学年		
							秋	春	夏	秋	春	夏	秋	春	夏	秋	春	
通识教育课程　共同基础课　公民基本教育课程	61511301	思想道德修养与法律基础	3	45	15	30	2											
	61511302	中国近现代史纲要	2	30	15	15				2								
	61511303	毛泽东思想和中国特色社会主义理论体系概论	6	90	15	75					4							
	61511304	马克思主义基本原理	3	45	15	30		3										
	61511305	形势与政策	2	30	15	15	0.5	0.5		0.5	0.5							
	61515101	军事理论（军训）	2															
	61510101	心理健康教育	2	30	15	15												
		合计	20	270	90	180	2.5	3.5		2.5	4.5							
基本能力课程	61510301	大学英语	8＋8*	120	120		2	2		2	2							
	61510401	大学写作	2	30	30			2										
	61511601	计算机应用基础	2.5	60	15	45	4											
	61511602	计算机语言课程	2	60		60		4										
		合计	22.5	270	165	105	6	8		2	2							

（续表）

课程类型	课程编号及项目	课程名称	学分	总学时			周学时											考核方式
				合计	理论	实践	第一学年			第二学年			第三学年			第四学年		
							秋	春	夏	秋	春	夏	秋	春	夏	秋	春	
通识核心课	62000001	文学与艺术																
	62000002	历史与文化																
	62000003	哲学与伦理																
	62000004	经济与社会																
	62000005	科技与自然																
	62000006	冬季短学期																
	合计		6		90	90				1	1			1				
第二课堂			3															

*为大学英语自主学习学分。

表 6.21　教学进程表（二）

课程类型	课程编号及项目	课程名称	学分	总学时			周学时													考核方式
				合计	理论	实践	第一学年			第二学年			第三学年			第四学年			
							秋	春	夏	秋	春	夏	秋	春	夏	秋	春	
专业教育课程／学科专业基础课	631 810 01	专业入门指导	1	15	11	4	2												△
	631 810 02	体育概论	1	15	15		2												△
	631 810 03	休闲体育概论	2	30	26	4		2											△
	631 810 04	体育社会学	2	30	30						2								√
	631 810 05	体育管理学	2	30	30			2											√
	631 810 06	健康教育学	2	30	26	4				2									√

(续表)

课程类型	课程编号及项目	课程名称	学分	总学时 合计	总学时 理论	总学时 实践	第一学年 秋	第一学年 春	第一学年 夏	第二学年 秋	第二学年 春	第二学年 夏	第三学年 秋	第三学年 春	第三学年 夏	第四学年 秋	第四学年 春	考核方式
	631 810 07	运动解剖学	2	30	22	8	2											√
	631 810 08	运动生理学	2	30	22	8		2										√
	631 810 09	体育保健学	2	30	22	8				2								√
	631 810 10	体育心理学	2	30	30						2							√
	631 810 11	职业素养养成	1	15	15									2				△
	631 810 12	体育科研方法	1	15	15											2		△

（续表）

课程类型	课程编号及项目	课程名称	学分	合计	理论	实践	第一学年秋	第一学年春	第一学年夏	第二学年秋	第二学年春	第二学年夏	第三学年秋	第三学年春	第三学年夏	第四学年秋	第四学年春	考核方式
专业核心课	631 810 13	体育旅游概论	2	30	26	4					2							△
		合计	22	330	290	40	6	6		4	2							
	641 810 01	游泳	6	90	6	84	4	6						2		2		√
	641 810 03	水上救生技术	3	45	3	42				3								√
	641 810 04	休闲潜水	3	45	3	42					3							△
	641 810 05	健康体适能	3	45	18	27					3							△
	641 810 06	健美操	3	45	3	42		3										△

（续表）

课程类型	课程编号及项目	课程名称	学分	总学时			周学时												考核方式
				合计	理论	实践	第一学年			第二学年			第三学年			第四学年			
							秋	春	夏	秋	春	夏	秋	春	夏	秋	春		
	641 810 07	休闲高尔夫	2	30		30				2									△
	641 810 08	二十四式太极拳	2	30		30				2									△
	641 810 09	沙滩排球	2	30		30										2			△
	641 810 10	民族传统项目*	2	30		30	2												△
	641 810 11	时尚球类项目*	2	30		30				2									△
	641 810 13	体育俱乐部经营与管理	2	30	26	4					2								√

（续表）

课程类型	课程编号及项目	课程名称	学分	总学时 合计	总学时 理论	总学时 实践	第一学年 秋	第一学年 春	第一学年 夏	第二学年 秋	第二学年 春	第二学年 夏	第三学年 秋	第三学年 春	第三学年 夏	第四学年 秋	第四学年 春	考核方式
	641 810 14	体育赛事管理	2	30	26	4								2				√
	641 810 15	体育场馆经营与管理	2	30	26	4										2		√
	641 810 16	休闲体育活动策划与管理	2	30	26	4								2				√
	641 810 17	休闲体育产品设计与开发	2	30	26	4								2				√
	641 810 18	体育英语	2	30	30									2				△
	合计		40	600	193	407	6	5		9	8			8		4		△
专业方向课*** 水上运动	651 810 01	帆船	3	45	30	45								3		3		△

（续表）

课程类型	课程编号及项目	课程名称	学分	总学时 合计	总学时 理论	总学时 实践	第一学年 秋	第一学年 春	第一学年 夏	第二学年 秋	第二学年 春	第二学年 夏	第三学年 秋	第三学年 春	第三学年 夏	第四学年 秋	第四学年 春	考核方式
休闲私人健身教练	651810 02	帆板	3	45		45										3		△
	651810 03	冲浪	2	30		30								2				△
	651810 04	皮划艇	1	15		15								1				△
	651810 05	游艇	1	15		15								1				△
	651810 06	私人教练基础	2	30	8	22								2				△
	651810 07	身体功能训练	4	60	4	56								4				△

（续表）

课程类型	课程编号及项目	课程名称	学分	总学时 合计	理论	实践	第一学年 秋	春	夏	第二学年 秋	春	夏	第三学年 秋	春	夏	第四学年 秋	春	考核方式
塑体健身	651810 08	健身与健美	2	30		30										2		△
	651810 09	动感单车	2	30		30										2		△
	651810 10	有氧舞蹈	3	45		45										3		△
	651810 11	健身操	3	45		45								3				△
	651810 12	瑜伽	2	30		30								2				△
	651810 13	普拉提	2	30		30										2		△

（续表）

课程类型	课程编号及项目	课程名称	学分	总学时			周学时										考核方式
				合计	理论	实践	第一学年			第二学年			第三学年			第四学年		
							秋	春	夏	秋	春	夏	秋	春	夏	秋	春	
太极养生	651 810 14	健身气功	3	45		45								3				△
	651 810 15	太极拳	3	45		45								3				△
	651 810 16	太极剑	2	30		30										2		△
	651 810 17	太极扇	2	30		30										2		△
运动户外	651 810 18	定向运动	3	45	15	30								3				△
	651 810 19	野外生存	3	45	10	35								3				△

（续表）

课程类型	课程编号及项目	课程名称	学分	总学时			周学时											考核方式
				合计	理论	实践	第一学年			第二学年			第三学年			第四学年		
							秋	春	夏	秋	春	夏	秋	春	夏	秋	春	
休闲体育产业管理	651810 20	户外拓展	3	45	10	35										3		△
	651810 21	自行车运动	1	15		15										1		△
	651810 22	休闲体育产业概论	2	30	28	2								2				△
	651810 23	体育产业经济学	2	30	26	4								2				△
	651810 24	体育服务运营与管理	2	30	26	4										2		△
	651810 25	体育赞助	2	30	26	4										2		△

（续表）

课程类型	课程编号及项目	课程名称	学分	总学时			周学时											考核方式
				合计	理论	实践	第一学年 秋	春	夏	第二学年 秋	春	夏	第三学年 秋	春	夏	第四学年 秋	春	
	651810 26	体育经纪人	2	30	26	4								2				△
		合计	10	150														
综合实践	661810 01	专业认知实习	1						1W									△
	661810 02	专业实习	10										16W					△
	661810 03	休闲体育专业技能大赛	1.5											2W				△
	661810 04	毕业实习	6														6W	△
	661810 05	毕业论文（设计）	8														8W	△
		合计	26.5						1W				16W	2W			14W	

（续表）

课程类型	课程编号及项目	课程名称	学分	总学时			周学时											考核方式
				合计	理论	实践	第一学年			第二学年			第三学年			第四学年		
							秋	春	夏	秋	春	夏	秋	春	夏	秋	春	
创新创业课程	670 000 01	职业生涯规划课程	1	15	15		1											△
	670 000 02	创业理论课程	2	30	30									2				△
	670 000 03	创业实践课程	2	30		30								2				△
合计			5	75	45	30	1							2				

注：* 专业核心课程民族传统类项目为舞龙、竹竿舞、跆拳道；

** 时尚球类项目为网球、三人制足球、五人制篮球，学生在开课学期可根据兴趣在同一个类别里任选一个项目进行学习；

*** 共设四个专业方向课开设专业方向课，其中休闲健身方向课开设三个健身课程模块，学生只能选择其中一个模块进行学习；

**** 其设四个专业方向，根据学生兴趣和选课人数开设选课和选课程模块，学生只能选择其中一个健身课程模块进行学习。

制度,建立教学质量保障与监控体系建设,持续提高教学质量。强化实践教学,建立了一定数量的校内外实习实训基地,提高学生实践能力。扩大校企合作办学,强化学生职业能力培养,初步建立了定向式培养机制。实行职业资质证书课程,鼓励学生课外获取职业资质证书。

一、初步构建以能力培养为主线的应用型人才培养课程体系

通过对海南省休闲体育行业调研,确定了休闲体育专业人才具备的素养和能力,构建了以能力培养为主线的应用型人才培养课程体系。课程建设状况:专业基础课和专业课制定了课程建设规划,以课程组为单位进行管理与执行,执行情况良好。教材选用:主干课程全部选用教育部推荐教材及全国通用教材。其中近3年出版的教材占46.14%,省部级以上获奖教材占61.5%。现代教学技术手段:课程多媒体教学运用率100%。

试题库建设:主要理论课程8门、技术课程1门,采用试题库比率100%,各门课程试题库在不断完善中。

二、以"培养为主、引进为辅",建设了一支专兼结合的"双师型"教学团队

严格执行学校青年教师培养制度;执行硕博攻读计划,具有硕士学位教师达到95%;鼓励和资助教师外出考察学习、培训;鼓励教师晋升国家级裁判,多位教师晋升国家级裁判;鼓励教师参加行业技能培训,7位教师具备国家职业资格培训师,5位教师国家职业资格考评员。先后聘请首都体育学院体育产业专家杨铁黎教授、休闲体育学专家李相如教授为专业兼职教授,邀请国内知名专家到学院讲学,进行冬季短学期授课。

三、不断完善规章制度,建立教学质量保障与监控体系,持续提高教学质量

从综合类、教学计划管理类、教学运行管理类、教师教学工作类、教学基本建设类、教学质量监控类、学生学习管理类、其他类等八个方面制定了一系列符合学校实际的教学管理规章制度。

各类规章制度较健全,执行良好:教学文件较齐备,执行较好;严格按教学计划执行,全部课程都有教学大纲,格式规范,内容完整,实验实习等课程有实验、实

习指导书,按实习指导书执行教学。

　　教师教风正、学生学风良：体育学院成立了教风学风建设领导小组,制定了学风建设方案,严格抓管理、抓落实、抓教风、抓考风、抓活动,监督有力、执行良好。先后有 11 位教师在教学科研、训练、社会服务上获得奖励。

四、强化实践教学,建立了一定数量的校内外实习实训基地,提高学生实践能力

　　建立了校内外实习实训基地,保障实践教学的顺利开展。学生专业实践、实习情况良好,用人单位对学生评价良好。各学期实习相关材料完整,如实习报告、实习日志和实习鉴定表进行存档。

五、扩大校企合作办学,强化学生职业能力培养

　　在人才培养上尽力打造校企合作的模式,以求培养和提高学生的实践和应用能力。与企业合作办学、合作育人、合作就业、合作发展。先后与三亚潜水技术培训中心、万宁冲浪服务有限公司、三亚盈湾酒店有限公司三亚喜来登度假酒店、三亚凤凰山四海旅游开发有限公司、三亚游艇服务有限公司等多家单位签订了合作办学协议,建立了高质量的专业实习(训)基地。这不但解决了应用型人才培养的双师型师资问题,初步建立了定向式培养机制。

六、实行职业资质证书课程,要求学生课外考取职业资质证书

　　构建了"课堂—实践—行业"从业资格鉴定的实践能力培养模式,鼓励学生积极参加各类裁判员、社会体育指导员、游泳救生员、潜水员等职业资格证书考试,提升学生专业素质。

七、鼓励参加各类体育竞赛、专业社会实践活动和志愿活动

　　创造条件让学生参加各类专业竞赛。利用假期参与专业社会实践活动,到社区、学校普及游泳;到海边普及和宣传帆船、帆板。参加各类志愿活动,先后服务三亚国际马拉松、海南省全民健身运动会、环岛大帆船赛,保障重大赛事开展。

第七章

国标指导下基于能力培养的休闲体育专业课程体系优化与重构

第一节　休闲体育专业课程体系优化与重构的必要性

一、休闲体育专业课程体系优化研究现状

课程体系,是指一个学科专业所设置的课程相互之间的分工与配合,形成一个系统化的课程系列整体。本书研究的课程体系属于中观层面,是指休闲体育专业为了达到专业人才培养目标而设计并实施的课程内容及其相互关系的动态系统,也就是依据休闲体育专业人才培养目标所选择和组织的课程内容、教学活动,并按一定比例及逻辑顺序排列组合而成的系统,是人才培养方案重要组成部分。课程体系优化是指从人才培养目标总体设计与人才知识、能力、素质结构的整体趋势出发,合理地更新与选择教学内容,恰当处理课程结构比例与课程内容的关系,使课程内部结构与课程间的比例达到最优化组合与动态平衡。

(一) 关于地方应用型本科院校课程体系的构建研究

地方本科院校向应用型转型发展过程中,课程体系建设是其核心工作。但在一些本科高校的应用型人才培养过程中,没有根本改变课程的体系结构,沿用学科型的课程结构,使得培养目标和能力分析与课程体系之间产生脱节(魏朱宝等,2011)。因此,在应用型本科院校课程体系的设置上要充分体现职业能力的核心性特征,要以社会需要、职业需要为核心,积极探索以能力为主线、实践体系为主、理论为其服务的新模式,课程体系要紧紧围绕职业能力这个核心来构建、取舍、优化、

整合(陈小虎等,2013)。

(二) 关于休闲体育专业课程体系的研究

休闲体育作为一个新兴的学科正处于起步阶段,课程体系建设还存在一些问题。蔡金明(2012)认为休闲体育课程设置有明显的依附性;课程结构欠合理,随意性较强;课程内容的滞后性,不适合时代发展的要求。马艳红(2010)认为课程体系存在着课程学科化、课程设置专门化、课程结构失衡、因人设课现象普遍存在、实践教学体系缺失等方面的问题。曹平(2011)认为我国的休闲体育缺乏充足的理论支撑,相关院校专业课程设置面狭窄,没有形成完善的专业课程体系。

因此,我国休闲体育专业课程体系需要进行优化调整。邵玉辉(2007)认为建构课程体系要重视以市场需求为导向、学生综合素质培养、课程的全面性与基础性、课程设置的专业性和课程内容的实用性。马艳红(2010)提出课程体系优化的策略:关注社会发展,同人才培养目标保持较高的符合度;课程体系的构建主体由单一化走向多元化;强化实践教学课程,增强学生就业实力。焦现伟(2014)认为要妥善处理好必修课程和选修课程之间、学科课程和术科课程之间、通识课程和专业课程之间、显性课程和隐性课程之间、国家课程、地方课程和校本课程之间的关系。韩志芳(2016)认为培养应用型人才的课程体系以应用导向的课程观为指导,确立课堂教学与实践环节相结合的大教学观。加强通识教育课程的适用性、专业基础理论课程的指导性和专业方向课程的实用性,建立和完善实践教学体系。

(三) 关于国外休闲体育专业课程体系的研究

休闲体育专业在发达国家开展得比较成熟,课程体系的建设非常有特色。彭国强(2014)认为美国休闲体育专业课程体系具有广博性、多样性、靶向性等特点。李齐(2016)发现英国大学休闲体育专业课程内容多样性、以能力培养为核心,课程设置注重现实性与实用性,重视环境教育和实习实训环节等特点。彭国强(2014;2015)建议我国休闲体育专业课程设置随着社会需求的变化及时调整,做到专业知识培养与通识教育相结合,专业知识的传授和实际应用技能相结合,构建动态发展的休闲体育专业课程体系,使学生学能所用。

二、休闲体育专业课程体系优化与重构的必要性

(一)《国标》与新时代本科教育工作会议精神对提高人才培养质量的要求

2018 年 1 月,教育部颁布《普通高等学校本科专业类教学质量国家标准》(以下简称《国标》),教育部在《关于实施普通高等学校本科专业类教学质量国家标准的通知》要求各地、各相关行业部门要根据《国标》研究制定人才培养标准;各高校要根据《国标》修订人才培养方案,培养高质量、多样化的人才。2018 年 8 月,教育部发布《关于狠抓新时代全国高等学校本科教育工作会议精神落实的通知》(教高函〔2018〕8 号),要求加强学习过程管理:各高校要全面梳理各门课程的教学内容,淘汰"水课"、打造"金课",合理提升学业挑战度、增加课程难度、拓展课程深度,切实提高课程教学质量。要结合办学实际修订本科人才培养方案,切实把本科教育工作会议的精神、要求落实到学校人才培养各项工作、各个环节中。

课程体系是人才培养方案的核心,是实现培养目标的载体,是保障和提高教学质量的关键。因此,要落实《国标》规范和新时代本科教育工作会议精神,提高休闲体育专业人才培养的质量,就必须科学地构建休闲体育专业课程体系。

(二)本科高校休闲体育应用型人才培养的需要

2016 年 11 月 28 日,海南省教育厅、海南省发展和改革委员会、海南省财政厅、海南省人力资源和社会保障厅《关于推动本科高校向应用型转变的实施意见》(琼教高〔2016〕215 号)文件,选择海南热带海洋学院、三亚学院、海口经济学院 3 所本科高校试点整体转型,转型一批符合我省十二大重点产业发展亟需的应用型本科专业,并提出重构能力导向的课程体系,提高课程设置与社会需求的适应性,全面提高人才培养的岗位匹配度。在此背景下,培养高素质应用型人才,为海南经济社会发展服务就成为地方本科院校的必然选择。而高素质应用型人才的培养必须依托科学、合理的课程体系。地方本科院校课程体系建构是否科学、合理,对其能否实现高素质应用型人才培养目标具有决定性的意义。因此,在应用型人才培养理念下,必须在行业调研和就业质量调查的基础上,以能力培养为导向优化和重构休闲体育专业课程体系。

(三) 海南休闲体育产业发展的需要

海南是我国的热带海岛,其休闲运动资源较为丰富,为开展休闲健身提供了得天独厚的条件。近年来,在国家体育产业政策导向下和国际旅游岛、自贸区(港)建设背景下,休闲体育产业和旅游产业不断融合升级,市场需要大量的休闲体育指导与管理人才,这给海南休闲体育人才培养提出了较高的要求。为了适应国际旅游岛对休闲体育人才的不断需求,海南目前有三所高校开设休闲体育专业。但休闲体育正处于起步阶段,各个院校对休闲体育专业课程体系建设都在探索之中,目前课程体系都存在一些共性问题:诸如课程设置有明显的依附性;课程结构欠合理,随意性较强;课程内容的滞后性,不适合时代发展的要求等。而国外休闲体育专业发展较早,课程体系成熟且有特色,部分先进理念值得我们借鉴。因此,为了更好地适应海南休闲体育产业发展的需要,在国标背景下有必要对休闲体育专业课程体系进行优化与重构,促进海南休闲体育课程体系既规范又个性地发展,满足休闲体育产业发展需求。

综上所述,课程体系是高校专业建设的核心工作,学者从不同的视角对课程体系进行研究并取得了一定的成果,但仍然存在着课程体系的理论研究与实践应用的割裂。首先,体育院校将人才培养目标定位为应用型人才已形成共识,但鲜有学者从能力培养的角度去探讨休闲体育专业课程体系的构建,导致构建的课程体系是新瓶装旧酒;其次,虽然对国外成熟的休闲体育课程体系特点进行了研究,但在实践应用研究上还存在一定的欠缺;再次,2018年教育部颁布了《高等学校体育学类专业教学质量国家标准》,目前还没有学者将休闲体育专业课程体系与国家标准进行对标研究。因此,在应用型人才培养理念下,以国家标准为指导,以海南社会需求为导向,借鉴国外先进的课程体系特点,以能力培养为导向优化和重构休闲体育专业课程体系,提高人才培养质量很有必要。

第二节　海南休闲体育专业课程体系的问题及
优化路径

在国家体育产业政策导向下和国际旅游岛、海南自贸区(港)建设背景下,海南休闲体育产业和旅游产业不断融合升级,市场需要大量的休闲体育指导与管理人才,为了适应国际旅游岛对休闲体育人才的需求,海南有三所高校先后设置了休闲体育专业[三亚学院(2012年)、海南热带海洋学院(2013年)、海口经济学院(2015年)]。我国休闲体育专业是一个新兴学科,目前还处于探索阶段,课程体系存在一些问题:从学科认知来看,虽然学界对休闲体育研究逐渐深入,但由于我国休闲体育专业设置较晚,对休闲体育市场发展特征以及专业发展特征欠缺系统整体的认知,因此尚未形成独立的学科课程体系。从课程体系顶层设计来看,由于当前休闲体育专业存在母学科不明,致使专业课程体系缺乏充足的理论支撑,课程体系不完善,部分高校的课程体系尚不能体现休闲体育专业的本质特征,存在移植、拼凑等现象。从课程结构来看,课程结构失衡、随意性较强,课程比例分配不合理。从课程设置来看,有明显的依附性、随意性,与体育学类其他专业课程同质化严重,反映休闲体育专业特性的课程不够突出,具有休闲体育专业特点的特色课程较为匮乏,如"休闲学""策划学"等课程明显不足;此外还缺乏职业资质培训类课程。从应用型体育人才培养来看,课程体系学科化,不能反映以能力为导向的应用型人才培养的特征;课程设置未能与社会需求紧密结合、专业实践教学环节重视不足。在《国标》出台之前,没有统一的专业指导规范,各校人才培养方案的课程体系的科学性和规范性值得商榷,严重制约了休闲体育专业人才培养质量。2018年1月,教育部颁布《普通高等学校本科专业类教学质量国家标准》为体育专业建设提供了基本规范;教育部在《关于实施普通高等学校本科专业类教学质量国家标准的通知》要求各高校要根据《国标》修订人才培养方案。课程体系是人才培养方案的核心,也是人才培养的载体和体现,课程设置合理与否,课程质量高低,实施是否有效,都直接关系到人才培养的质量。在海南三所高校对标《国标》修订休闲体育专业人才培养方案之际,有必要对海南三所高校正在使用的2016版休闲体育专业人才培养方案的课程体系存在的问题进行梳理,以新时代全国本科教育大会精神和《国标》为指导,对当前的课程体系存在的问题提出优化路径,促进海南休闲体育课程体系既规范又个性地发展,满足海南自贸区休闲体育产业发展的人才需求。

一、海南休闲体育专业课程体系存在的问题

(一) 学科型课程体系不能反映以能力为导向的应用型人才培养特征

不同的课程体系结构反映了不同的人才培养类型。海南休闲体育专业课程体系仍沿用必修课和选修课传统的学科型人才培养课程分类体系(见表7.1),必修课分为公共必修课、专业必修课;选修课分为公共选修课、专业选修课,这种分类体

系不能体现出课程性质,例如个别高校设置有学位课程,但没有把毕业论文这样重要的学位课程包含在学位课程内。虽然目前海南休闲体育专业人才培养目标都是培养应用型人才,但由于各校对应用型转型的理念理解不够、对应用型人才培养模式认识不足,导致课程体系仍沿用学科型课程结构。这种传统的课程体系分类看似课程结构分类比较清晰,但反映不出学生的能力培养在课程体系如何落实,就造成人才培养目标、能力培养与课程体系之间的脱节,因此人才培养质量也会造成严重偏差。

表 7.1 海南三所高校休闲体育专业课程体系框架

学校	课程体系框架
三亚学院	通识教育课程:共同基础课(公民基本教育课程、基本能力课程)、通识核心课程、第二课堂; 专业教育课程:学科基础课程、专业核心课、专业方向课(亲水运动、休闲健身方向、户外运动方向、休闲体育产业管理)、综合实践课程; 创新创业课程
海南热带海洋学院	必修课:公共基础课、专业基础课、专业核心课、集中性实践教学环节; 选修课:专长课(休闲体育旅游、高尔夫)、专业任意选修课、素质拓展类课程;
海口经济学院	公共课:公共必修课、公共选修课; 专业基础课; 学位课:学位必修课、学位限选课、专业方向模块(户外休闲、水上运动、体育俱乐部)、学位任选课; 集中性实践教学环节; 专业素质拓展类课程
高等学校体育学类本科专业教学质量国家标准	通识教育课程:由各校在教育部有关文件要求的基础上,根据学校的特点进行设置,体现学校特色; 专业教育课程:专业类基础课程、专业方向课程、专业拓展课程; 实践课程:涵盖专业见习、专业实习、社会实践与毕业论文(设计)等

(二)课程结构失衡,理论教学与实践教学脱节

海南高校休闲体育专业总学分在 155～175 学分之间,基本符合国标要求的140～170 学分。但三所高校的必修学分比例过大,三亚学院高达 87.7%;选修学分比例较少,三亚学院只有 12.3%。必修与选修比例失衡问题是目前全国高校开设休闲体育专业普遍存在的问题,容易导致学生知识面狭窄、知识结构单一的问题,不能很好地拓展学生的知识面。从总体上来看,学科课程和术科课程比例基本合理,基本在 1∶1 左右,但是从课程学分的安排来看,除了实验课程之外,学科课

程没有安排实践学时,术科课程没有安排理论学时,这就造成了课程理论与实践应用的脱节。为了培养既懂理论又懂技能的应用型人才,必须要打通学科和术科之间的隔阂,将课程的理论与实践融会贯通,学以致用(见表7.2)。

表 7.2   海南三所高校休闲体育专业学时比例分配

学校	总学分	总学时	必修学分	比例/%	选修学分	比例/%	学科学分	比例/%	术科学分	比例/%	实践学分	比例/%
三亚学院	155	1 785	136	87.7	19	12.3	55.5	35.8	56	36.1	55	35.5
海南热带海洋学院	173	2 376	119	68.8	54	31.2	89.5	51.7	83.5	48.3	60	34.7
海口经济学院	171	2 190	143	83.6	28	16.4	54	31.6	61	35.6	47.25	27.6
国标	140~170				>46						>14	

(三) 通识教育课程理念落后,创新创业教育欠重视

通识教育是大学生共同接受的教育内容,其中教育部对思想政治理论课程和创新创业课程有统一要求,三所高校所开设国家课程和学分均符合相关文件要求,基本与《国标》要求一致;但是真正反映通识教育的课程种类、门数和学分比例较小。从通识教育课程名称和分类来看,部分学校课程名称仍为公共基础课和公共选修课,个别学校将《国标》规定的公共选修课列为素质类拓展课程里的文化素质教育选修课程,这就造成了课程分类不清晰。从公共基础课和选修课课程设置来看,除思政类必开的国家课程之外,只注重工具类的课程,诸如大学英语、大学体育、计算机,而涉及学生人文素质、自然科学素质、人格教育的课程不丰富,甚至个别学校没有开设公共选修类课程。究其原因,主要是我国高等教育长期以来实行的是专业教育模式,致使对通识教育内涵缺乏深刻理解,导致地方高校对通识教育重视不够。在新时代本科教育会议精神指引下,应该看到通识教育不只是专业教育的延伸和补充,也不只是应用性和工具性知识的传授,而要有立德树人、培养"全人"的思想,关注学生人文素养与专业能力共同的提高。

创新创业能力培养是《国标》中通识教育的重要目标之一。在创新创业教育课程方面,三亚学院将创新创业课程作为课程体系一个独立的单元(5学分),没有体现在通识教育课程体系中。另外两所高校是以大学生创新创业指导和职业发展与

就业指导课程的形式进行,均为理论课,为2个学分,说明当前海南休闲体育专业创新创业课程还没有引起足够的重视,而在《关于深化高等学校创新创业教育改革的实施意见》中,要求将创新创业教育融入人才培养全过程,将专业教育和创业教育有机结合。培育学生的创新创业意识应成为通识教育改革的重点,因此要加强通识教育和专业教育相融合,做到课内创新创业理论与课外创新创业实践相结合。

(四)休闲体育专业基础学科知识体系不完善,不能充分反映学科前沿知识

休闲体育专业专业知识体系是由学科基础知识、专业核心知识、专业实践三个方面构成。学科专业基础知识应体现学科知识体系中的核心知识领域;包括体育的基本概念、本质、功能等,人体运动的执行结构,人体运动的基本功能;体育运动过程的心理现象与规律,体育的社会现象及规律,健康教育的基本理论;体育科学研究方法与手段等知识。《国标》规定所有体育类专业必须开设体育概论、体育社会学、体育心理学、运动解剖学、运动生理学、健康教育学、体育科学研究方法等7门专业基础课,不少于16学分(见表7.3)。但个别高校专业基础课课程门数和学分严重不足,仅开设的5门基础课无法为后续的运动技能和理论课程学习打基础,反映不了休闲体育专业应体现的学科知识体系。三所高校都没有开设《健康教育学》,这门课程在国内算是新课程,在健康中国背景下,学生需要掌握进行健康教育的理论和方法指导进行休闲体育活动策划和指导,《国标》认为《健康教育学》将起到"建设标准"作用。在健康中国和产业融合背景下,开设休闲体育课程的时代性、前沿性、综合性和国际性需进一步加强,以满足人们日益增长的休闲体育活动或产品的美好需求。

表7.3 海南三所高校休闲体育专业基础课程设置

学校	专业基础课课程设置
三亚学院	专业入门指导、体育概论、休闲体育概论、体育社会学、体育管理学、体育市场营销、运动解剖学、运动生理学、体育保健学、体育心理学、职业素养养成、体育科研方法、体育旅游概论
海南热带海洋学院	运动解剖学、运动生理学、运动训练学、体育统计学、体育科研方法
海口经济学院	运动解剖学、运动生理学、体育俱乐部的经营与管理、健康体适能理论与实践、体育保健学、运动训练学、休闲体育学概论、体育管理学、体育赛事经营与管理、体育科研与方法
高等学校体育学类本科专业教学质量国家标准	体育概论、体育社会学、体育心理学、运动解剖学、运动生理学、健康教育学、体育科学研究方法等7门课程

（五）专业核心课程不能契合专业人才培养目标

如表7.4所示，专业核心课程能够反映学生所要掌握的与本专业密切相关的知识与技能，也能反映需要重点培养学生的素质和能力。2016年10月25日，国务院办公厅颁布了《关于加快发展健身休闲产业的指导性意见》（以下简称《意见》），其中将发展"健身休闲重点运动项目产业"列入重点突破领域，并提出"加强人才保障，培养各类健身休闲项目经营策划、运营管理、技能操作等应用型专业人才"。因此休闲体育专业人才要具备相应的经营策划、运营管理的知识和一定的运动技能。从三所高校课程体系看，专业核心课程包括了经营策划、运营管理、运动技能等课程，经营管理类课程每个学校各有侧重，技能类课程以滨海、户外、养生为主，能体现海南地域特色。但与人才培养目标对标来看，核心课程不能契合人才培养目标的要求。例如，有的高校培养熟悉运动技能指导、健康管理、大众体育项目开发与推广、休闲俱乐部经营管理的基本理论与方法，培养能从事指导、管理、服务休闲体育实践的应用型人才，而开设的核心课程体育管理学、体育俱乐部的经营与管理、健康体适能理论与实践等，体现不了健康管理能力的培养。有的高校培养具有从事休闲体育组织管理、咨询、指导及教学科研等方面的基本能力，而开设的核心课程，体现不了体育咨询和活动策划能力的培养。个别高校专业核心课程全部是运动技能课程，导致学生在休闲体育活动策划与服务等方面的能力培养不够。

表7.4　海南三所高校休闲体育专业核心课程设置

学校	核心课程设置
三亚学院	游泳、水上救生技术、休闲潜水、健康体适能、健美操、休闲高尔夫、二十四式太极拳、沙滩排球、民族传统项目、时尚球类项目、体育俱乐部经营与管理、体育赛事管理、体育场馆经营与管理、休闲体育活动策划与管理、休闲体育产品设计与开发、体育英语
海南热带海洋学院	休闲体育导论、高尔夫运动与管理、体育旅游与管理概论、体育科研方法、体育经济学、运动解剖学、运动生理学、运动损伤康复学、游泳、水域运动系列体验（海钓、潜水、冲浪）等
海口经济学院	休羽毛球、健美操、排球、武术、网球、乒乓球、篮球、游泳、攀岩基础、体操、定向运动、足球、田径、传统体育养生理论与功法
高等学校体育学类本科专业教学质量国家标准	采用"3＋X"模式，其中"3"是指各专业最核心的3门专业课程，须开设休闲体育概论、体育旅游概论、体育俱乐部经营与管理。"X"是指根据各专业的培养目标而设立的专业课程

（六）专业方向能结合海南地域特色和社会需求开设，但方向课程缺乏深度和广度

海南休闲体育资源较为丰富，海南休闲体育专业方向的主要设置有滨海运动（亲水运动、潜水、游艇运动与服务）、健身休闲、户外运动、高尔夫运动与服务、体育休闲旅游与服务，基本结合地域特色和社会需求而开设的，而且三所高校互有侧重，在海南打造国际旅游消费中心、创建国家体育旅游示范区、运动休闲城市、体育产业示范基地、康养旅游示范基地背景下，就缺少体育旅游、休闲体育产业管理、休闲养生类专业方向。三所高校在专业方向课开设的学分和开课学期不一样。在学分分配上，三亚学院专业方向课课时最少，只有 10 学分；海南热带海洋学院最高，达到 32 学分。在课程开设学期上，海口经济学院在第三学期开设，三亚学院在第六学期开设，从运动技能形成的规律来看，开课学分越多、开课越早越有利于学生掌握专业方向技能，所以建议专业方向课在 25 学分左右，从第三学期开课较为合适（见表7.5）。

表7.5　海南三所高校休闲体育专业开设的专业方向

学校	专业方向	学分	开设学期
三亚学院	亲水运动方向、休闲健身方向（私人教练、塑体健身、太极养生模块）、户外运动方向、休闲体育产业管理方向	10	6
海南热带海洋学院	游艇运动与服务、高尔夫运动与服务、体育休闲旅游与服务	32	5
海口经济学院	户外休闲、水上运动、体育俱乐部	15	3

（七）专业拓展课程学分不足、课程陈旧且不丰富

海南三所高校休闲体育专业拓展课程设置情况如表7.6所示。

《国标》将专业拓展课分为三个模块：运动技能课程模块、理论课程模块一（21门课程）、理论课程模块二（29门课程），开设的课程比较丰富。海南休闲体育专业拓展课程课程名称为专业选修课，开设的课程为运动技能课和专业理论课，存在的问题有一是课程较为陈旧，不能充分反映学科前沿知识，不能对专业基础课和专业核心课进行有益补充。二是课程不丰富，课程菜单不全，不能囊括体育学其他专业的核心课程，导致部分学生在考研时部分课程需要自学。三是课程学分不足，所有高校都在 25 学分以下，三亚学院由于专业核心课程和专业方向课上设置较多，根

据学校人才培养方案统一要求没有设置专业选修课。四是专业拓展课程落实不够,虽然开设的课程较多,但由于教学成本的问题,只能选择性开设部分课程,学生灵活选课的自由度就打了折扣(见表7.6)。

表7.6　海南三所高校休闲体育专业拓展课程设置

	专业拓展课程	学分
三亚学院	—	—
海南热带海洋学院	游泳救生员操作技能培训、健身指导员技能培训、定向运动与野外生存、飞镖、高尔夫运动、健美操、篮球、轮滑运动、慢速垒球、民间体育、木球、排球、乒乓球、棋牌运动、散打、沙滩排球、足球、跆拳道、太极拳、体育游戏、拓展训练、网球、舞龙舞狮、体育舞蹈、瑜伽、羽毛球、运动营养学、中国传统体育养生、体育产业导论、体育公共关系、体育文化学、体育英语:组织与赛事、游艇概论	8
海口经济学院	花式跳绳、学校体育学、壁球、排舞、散打、毽球、竹竿舞、舞龙舞狮、少数民族传统体育、教育学、礼仪与形体、少儿趣味田径、木球、街头篮球、小型足球运动、跆拳道、蹴球、运动健身原理与方法、运动心理学、体育产业概论、体育游戏、体育摄影、体育市场营销、体育旅游学概论	22
高等学校体育学类本科专业教学质量国家标准	运动技能课程模块:田径类、体操类、球类、游泳类、武术与民族传统体育类、冰雪或滨海类、户外运动类、健身休闲类。 理论课程模块一:体育统计学、运动心理学、体育保健学、运动营养学、运动生物化学、运动生物力学、运动处方理论与实践、体质测量与评价、运动机能生理生化测试(实验)、运动技能学习与控制、运动伤害防护与急救、运动训练生物学监控、康复评定学、运动康复治疗技术、肌肉骨骼康复、慢性疾病康复、神经病损康复、运动损伤与康复、体能训练理论与方法、运动医务监督、锻炼心理学。 理论课程模块二:体育法学概论、体育管理学、体育史、学校体育学、体育课程与教学论、体育教材教法、体育游戏、体育绘图、运动训练学、体育竞赛学、奥林匹克运动、社会体育导论、健身理论与指导、体育市场营销、体育经济学概论、社区体育、体育场馆经营与管理、体育社会组织建设与管理、体育产业概论、民族传统体育概论、中国武术导论、传统体育养生理论、中国武术史、民族民间体育、休闲体育概论、体育旅游概论、休闲体育项目策划与管理、体育赛事管理、健身俱乐部经营与管理	>40

(八) 综合实践课程丰富,但落实不够、实效性差

应用型人才培养的重要特征就是应用能力,而学生的实践能力和应用能力培养的主要载体在于加强实践性教学。休闲体育专业作为应用型专业,应用能力的培养也必须落实在实践教学中。从表7.7中三所高校的实践课程体系来看,主要包括三个部分:通识教育实践环节、专业实践教学环节以及素质拓展实践环节。

通识教育实践环节包括入学教育、军事理论(军训)实践、思政系列课程实践、形势与政策、心理健康教育实践等;专业实践教学环节包括专业实验实训、专业课程实践、专业认知实习、专业实习、毕业实习、毕业论文(设计)等;素质拓展实践环节包括第二课堂、科研活动、竞赛活动等,实践教学环节内容安排较为丰富。总体上看实践学分占总学分的比例在 30% 左右,海口经济学院为 27.6%、三亚学院为35.5%,这一比例要比国内部分高校休闲体育专业实践教学学分比重要高。其中专业实践教学环节在 20% 以上。但实践教学体系存在以下问题:一是实践课程体系未能体现应用型的专业人才培养目标,实践与社会、行业结合不紧密;二是课程理论教学与实践教学不同步;三是实践环节规范落实不够(实习内容不明确未、严格执行实习计划),专业实习岗位层次较低;四是实践教学环节[课程实践、专业实践、社会实践、毕业实习和毕业论文(设计)等]关联性较差,未能进行分层次的一体化设计。五是在"大众创业、万众创新"背景下,创新创业实践学分安排较少,各高校应强化实践教学环节,激励学生积极参与实践活动,不断提高实践能力。

表 7.7　海南三所高校休闲体育专业实践教学体系

学校	实践教学体系	实践学分/比例	专业实践/比例
三亚学院	通识教育课程实践:思政系列课程实践、军事理论(军训)实践、形势与政策、心理健康教育实践; 第二课堂:志愿服务、社会实践、科技学术活动、文体活动、社团活动等。 专业综合实践:专业实验实训、专业课程实践、专业认知实习、专业实习、毕业实习、休闲体育专业技能大赛、毕业论文(设计)。 创新创业教育课程实践:职业生涯规划、创业实践	55/35.5%	32.5/21.0%
海南热带海洋学院	实践性教学环节:入学教育与军事训练(含军事理论)、暑期社会实践、课程的实验实训、学年论文、专业见习、专业实习、毕业论文(设计)、毕业教育等。 素质拓展类课程:各类竞赛、科技创新;就业导向课程;学术报告	60/34.7%	41/23.7%
海口经济学院	入学教育、军训、德育教育实践活动等实践课程。 暑假社会实践与调查。 毕业实习、毕业设计(论文)。 专业素质拓展:专业实习与实训、运动队训练与竞赛、创业创新项目申报立项、参与科研课题研究、论文发表、体质健康测试与操作、体育竞赛组织与裁判工作、游泳馆水处理管理、运动康复与营养	47.25/27.6%	40/23.4%

(续表)

学校	实践教学体系	实践学分/比例	专业实践/比例
国标	社会实践包括入学教育、军事训练、劳动教育、社会调查、毕业教育和就业指导等。专业实践包括专业见习、专业实习；专业见习1～2周，专业实习12～20周（其中运动康复专业实习24～40周）。创新创业实践包括体育科技创新、创意设计、创业计划、创业训练等。科研训练包括毕业论文（设计）、学术活动等。总学分不少于14学分		

二、海南休闲体育专业课程体系优化路径

课程体系优化是指从人才培养目标总体设计与人才知识、能力、素质结构的整体趋势出发，合理地更新与选择教学内容，恰当处理课程结构比例与课程内容的关系，使课程内部结构与课程间的比例达到最优化组合与动态平衡。

（一）专业顶层设计要以新时代全国教育大会精神和《国标》精神为指导

2018年1月，教育部颁布《普通高等学校本科专业类教学质量国家标准》（以下简称《国标》），教育部在《关于实施普通高等学校本科专业类教学质量国家标准的通知》要求各高校要根据《国标》修订人才培养方案，培养高质量、多样化的人才。2018年8月，教育部发布《关于狠抓新时代全国高等学校本科教育工作会议精神落实的通知》（教高函〔2018〕8号），要求加强学习过程管理：各高校要全面梳理各门课程的教学内容，淘汰"水课"、打造"金课"，合理提升学业挑战度、增加课程难度、拓展课程深度，切实提高课程教学质量。要结合办学实际修订本科人才培养方案，切实把本科教育工作会议的精神、要求落实到学校人才培养各项工作、各个环节中。课程体系是人才培养方案的核心，是实现培养目标的载体，是保障和提高教学质量的关键，课程体系是整个教学改革的重点和难点。因此，需要认真领会新时代全国高等学校本科教育工作会议精神与《国标》精神，落实《国标》规范和新时代本科教育工作会议对提高人才培养质量的要求，在国标的指导下优化与重构休闲体育专业课程体系。

（二）应用型课程体系要以休闲体育从业岗位所要具备的能力、知识和素养来对应构建

课程体系是人才培养模式的载体和体现，是人才培养目标的具体化和依托。课程设置注重培养规格中的素质、知识、能力。课程体系是要解决培养什么样的人和如何培养人的问题。培养应用型人才不能沿袭传统的课程体系，而需充分反映社会需求，满足地方、行业对人才要求的应用性课程体系。首先，以国际化视野把握国内外休闲体育专业发展新趋势，构建适应新时代发展的休闲体育专业学科知识体系。其次，在休闲体育行业调研的基础上，确定岗位需要的知识、能力和素养，然后确定所对应的课程，构建以能力培养为导向的应用型人才课程体系，使能力培养与课程体系的对应更加清晰。国标规定休闲体育专业人才培养目标为学生必须掌握休闲体育基本理论和方法，具备休闲体育项目策划与组织、休闲体育俱乐部经营与管理、体育旅游推广与经营、户外运动指导与管理的能力，能胜任休闲体育方面的工作。根据对海南休闲体育专业人才需求的调研，确定休闲体育专业能力为休闲体育技能指导与服务能力、休闲体育活动组织与策划能力、休闲体育企业（俱乐部）经营与管理能力、休闲体育产品开发与推广能力。因此，要达到行业需求的人才培养目标，必须以四个专业能力培养为主线，设计相应的专业课程。

（三）优化课程结构、重视创新创业教育、构建与行业结合的实践教学体系

《国标》将课程体系分为通识教育课程、专业教育课程、实践课程。在《国标》指导下，首先解决通识教育课程和专业教育课程分类不清晰的问题，一方面要开设国家课程，另一方面要因校制宜地开展校本课程；重视创新创业教育，提高学分比例，提高创新创业教育与专业教育的融合性，将创新创业教育融入人才培养全过程。其次，合理分配好学科课程和术科课程①比例，提高学科课程的实践部分，使理论教学和实践教学相融通；提高运动技能课程的学术性和实践性，提高运动技能课程的应用性。再次，提高专业拓展课程学分，以《国标》三个模块为基础设置符合学校特色的拓展课程。专业拓展课程是对专业基础课和专业核心课程的有力补充，课程反映学科前沿，课程要以菜单的形式呈现，并由学生灵活选择，可以进一步拓展学生的专业技能和专业知识面，也为学生进一步深造考研提供课程资源进行学习。最后，紧密结合行业构建校内外实践教学平台，落实实践教学计划，提高理论学习

---

① 体育学类课程分类的习惯性表达。通常将理论课程称为学科课程，将技术类课程统称为术科课程。

和实践活动的关联性,鼓励学生积极参与各类实践活动,不断提高实践应用能力。从三个层面构建休闲体育实践教学体系,一要构建课堂实验实训平台,包括各类休闲体育基础课、专业课实验室等;二要构建校内课外实践教学平台,即以素质拓展中心、校内休闲健身俱乐部为主体的专业实训基地建设;三要构建校外实践教学基地平台,加强校企的深度合作,开展产学研一体立体化实践教学体系。

（四）课程设置要以符合《国标》"规定动作"和满足海南地方社会经济发展需求为导向

《国标》在课程设置上体现了原则性和灵活性,原则性就是"规定动作"和基本底线,要保证基本教学要求,保证基本教学质量;灵活性就是"自选动作"和拓展空间,有利于各校根据地方发展实际情况突出自身特色。因此,课程设置首先要保证《国标》课程体系的规范性,同时还要保持地方课程的特色性。地方高校转型发展的人才培养要融入并服务国家战略,不断适应海南省域社会经济的发展,提高人才对接体育产业及相关产业的能力。休闲体育人才的培养要以"政策为驱动、产业为导向",主动融入海南全面深化改革开放中去,服务国家"一带一路"倡议、全民健康和全民健身战略以及主动对接海南省十二大重点发展产业;在产业融合上,以建立国际旅游消费中心、打造国家体育旅游示范区和创建运动休闲城市为契机,将体育产业与旅游产业、康养产业和医疗产业融合发展,大力推进国际体育赛事,发展沙滩运动、水上运动、赛马运动等项目。因此,海南休闲体育专业结合海南地域特色和社会需求设置课程,不断提高方向课程的深度和广度,不仅要培养滨海体育运动、户外运动、高尔夫、马术、休闲养生等技能类方向课程,还要开设体育旅游、体育赛事组织与管理、体育竞赛表演、体育培训、体育健康养生等理论方向课程。

三、海南休闲体育专业课程体系建设的建议

在中共中央国务院关于支持海南全面深化改革开放、海南省委关于高标准高质量建设全岛自由贸易试验区和海南省建设国际旅游消费中心等政策驱动下,海南休闲体育将在体育旅游、体育赛事、全民健身、体育康养、体育特色小镇以及体育培训等方面获得不可多得的发展机遇,休闲体育产业将成为拉动海南社会经济发展新的增长点,休闲体育专业人才需求及质量也将随之提高。当前休闲体育课程体系存在以下问题:①学科型课程体系不能反映以能力为导向的应用型人才培养

特征;②课程结构失衡,课程理论教学与实践教学脱节;③通识教育课程理念落后,缺少创新创业教育;④休闲体育专业基础学科知识体系不完善,不能充分反映学科前沿知识;⑤专业核心课程不能契合专业人才培养目标,在某一方面专业能力培养存在缺失;⑥专业方向课程缺乏深度和广度;⑦专业拓展课程学分不足,课程陈旧且不丰富;⑧综合实践课程丰富,但规范性、实效性差。

在政策驱动和市场需求导向下,优化与重构休闲体育专业课程体系、全面提高人才培养质量就显得刻不容缓。毫无疑问,《国标》的颁布将引导体育专业建设和人才培养工作"对标设置、对标发展、对标评价",提高本科专业建设的科学性和规范性。在优化休闲体育专业课程体系时,要以新时代全国教育大会精神和《国标》精神为指导思想加强专业顶层设计;通过行业调研精准把握海南地方社会经济发展中休闲体育市场对人才需求的类型、数量及规格;以国际化视野把握国内外休闲体育专业发展新趋势,构建适应新时代发展的休闲体育专业学科知识体系;以休闲体育从业岗位所要具备的能力、知识和素养对应构建应用型课程体系;从优化课程结构、重视创新创业教育、增设专业拓展课程、构建与行业结合实践教学体系来重构课程体系。

第三节　基于能力培养的休闲体育专业课程体系构建

一、基于工作岗位需求的休闲体育专业素养和能力体系

通过对区域休闲体育企业休闲体育从业人员调研,确定了休闲体育人才的素养和能力。素养分为共同素养和专业素养,能力包括一般能力和核心能力。共同素养包括:热爱祖国,良好的思想道德素养,良好的人文修养、团队意识、吃苦耐劳的精神,安全与责任意识,协作精神;专业素养包括:热爱休闲体育事业、良好的身体素质、良好的心理素质、阳光健康的职业形象、主动服务的意识。一般能力包括:语言文字表达能力、沟通交流能力、社会适应能力、团结协作能力、获取信息能力、创新创业能力、计算机应用能力、外语视听说写能力、研究与解决问题的能力;核心能力包括:休闲体育技能指导与服务能力、休闲体育活动组织与策划能力、休闲体育俱乐部经营与管理能力、休闲体育产品开发与推广能力、实践操作能力,如图7.1所示。

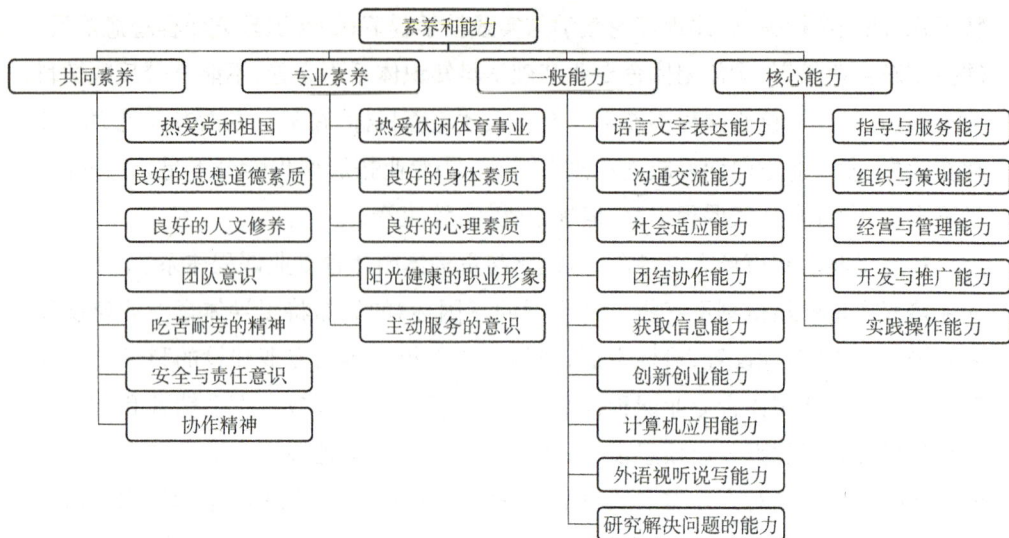

图7.1   基于工作岗位需求的休闲体育专业素养和能力体系

二、休闲体育专业核心能力对应的课程模块

通过调研,休闲体育专业人才要具备核心能力包括休闲体育技能指导与服务能力、休闲体育活动组织与策划能力、休闲体育俱乐部经营与管理能力、休闲体育产品开发与推广能力、实践操作能力。每一核心能力又包含若干子能力(见表7.8)。

表7.8   休闲体育专业核心能力对应的课程模块

核心能力	子能力	对应课程
休闲体育技能:指导与服务能力	技术教学能力:准备场地器材、讲解、示范(一般示范、重点比较示范、特殊示范)、组织练习、观察指导、保护帮助、调整练习方法、效果评价; 咨询指导能力:指导不同体质状况、不同年龄人群、女性特殊时期、不同职业者的健身活动; 专项运动能力; 职业资质证书	运动解剖学、运动生理学、体育保健学、体育心理学、健康体适能、健康教育学、各种专项运动技能、职业资质证书
休闲体育活动:组织与策划能力	根据条件,策划适宜的休闲体育活动的能力; 制定休闲体育活动方案的能力; 组织实施休闲体育活动的能力; 预防、处理休闲体育活动中的突发事件的能力	休闲体育活动策划与组织、体育竞赛组织与编排、体育赛事管理

（续表）

核心能力	子能力	对应课程
休闲体育企业（场所）：经营与管理能力	分析休闲体育产业、行业发展政策法规能力； 预测休闲体育产业发展趋势； 休闲体育企业（场所）经营与管理能力； 酒店康乐体育的运营和管理能力； 休闲体育企业设备和设施管理的能力	体育管理学、休闲体育产业概论、休闲体育经营与管理、体育俱乐部经营管理、酒店康乐体育服务与管理、体育场馆经营与管理、体育公共关系
休闲体育产品：开发与推广能力	休闲体育市场调研的能力； 休闲体育新产品设计创新的能力； 休闲体育现有产品整合创新的能力	体育旅游概论、休闲体育产品设计与开发、休闲体育市场营销、体育品牌与策划
实践操作能力	岗位操作能力； 发现问题能力； 解决问题能力	认知实习、专业实习、毕业实习、毕业设计（论文）

（1）休闲体育技能指导与服务能力包含技术教学能力、咨询指导能力、专项运动能力、同时具备职业资质证书。获得这些能力，需要学习运动解剖学、运动生理学、体育保健学、体育心理学、健康体适能、健康教育学、各种专项运动技能等课程以及获取相应职业资质证书。

（2）休闲体育活动组织与策划能力包含策划能力、组织能力以及应变能力。获得这些能力，需要学习休闲体育活动策划与组织、体育竞赛组织与编排、体育赛事管理等课程。

（3）休闲体育俱乐部经营与管理能力包含分析政策能力、经营能力、管理能力。获得这种能力，需要学习体育管理学、休闲体育产业概论、休闲体育经营与管理、体育俱乐部经营管理、酒店康乐体育服务与管理、体育场馆经营与管理、体育公共关系等课程。

（4）休闲体育产品开发与推广能力包含市场调研的能力、设计创新的能力、整合创新的能力。获得这些能力需要学习体育旅游概论、休闲体育产品设计与开发、休闲体育市场营销、体育品牌与策划。

（5）实践操作能力包括岗位操作能力、发现问题能力、解决问题能力。获得这些能力需要参加认知实习、专业实习、毕业实习、毕业设计（论文）。

三、基于能力培养的休闲体育专业课程体系构建

（一）基于能力培养的休闲体育专业课程体系

休闲体育专业课程体系如图7.2所示。

课程体系

通识课程体系（基本素养）

- 共同基础课
  - 公民基本教育课程：思政、心理健康教育课程、军事理论（军训）等
  - 基本能力教育课程：大学英语、计算机课程、中文写作等
- 通识核心课
  - 学校：文学与艺术、历史与文化、哲学与伦理、经济与社会、科技与自然
  - 学院：职业素养养成
- 第二课堂：各类科研和竞赛活动、社会实践、社区服务协会、休闲体育活动策划协会等

专业课程体系（核心能力）

- 学科专业基础课程——一般能力
  - 体育学基础知识：体育概论、体育社会学、体育心理学、休闲体育概论
  - 休闲体育基础理论：专业入门指导、体育保健学、体育科研方法
  - 运动人体科学基础理论：运动解剖学、运动生理学
  - 经营与管理基础理论：体育管理学、体育市场营销
- 专业核心课程——专业能力
  - 技能教学与指导：游泳、水上救生技术、休闲体操、健美操、二十四式太极拳、沙滩排球、民族传统项目、时尚球类项目
  - 活动组织与策划
  - 场所经营与管理：休闲体育经营与管理、体育俱乐部经营与管理、体育场馆经营与管理、体育赛事管理
  - 产品开发与推广：休闲体育产品设计与开发（包括休闲体育旅游产品设计与开发）
- 专业方向课——岗位能力
  - 亲水运动方向：帆船、帆板、冲浪、皮划艇、游艇
  - 休闲健身方向：私人教练、健身操基础、身体功能训练、健身与健美、动感单车、健身操编排、太极养生、有氧舞蹈、瑜伽、普拉提、健身气功、太极拳、太极剑、太极扇
  - 户外运动方向：定向运动、野外生存、户外拓展、自行车运动
  - 休闲体育产业管理方向：休闲体育产业概论、体育产业经济学、体育服务运营管理、体育赞助、体育经纪人
- 综合实践——综合实践能力：专业认知实习、专业实习、毕业实习、毕业论文

创新创业课程体系（创新创业能力）

- 职业生涯规划
- 创业实践
  - 专业技能大赛
  - 实践课程
  - 课外证书课程：运动等级证书、职业资格证书、社会体育指导员证书

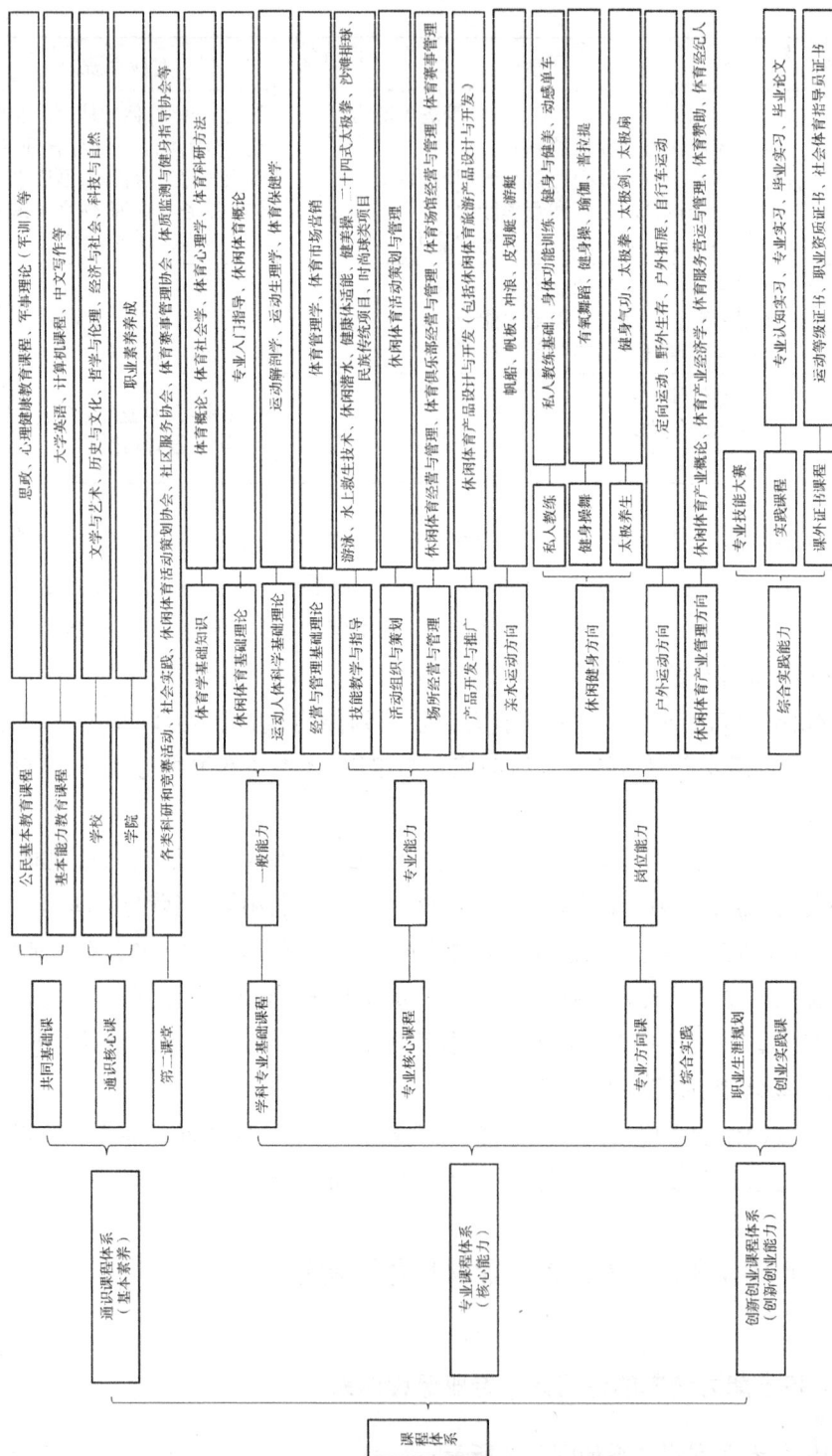

图 7.2　休闲体育专业课程体系

（二）课程分类

休闲体育专业课程体系分三个课程模块：通识教育课程、专业教育课程、创新创业课程。通识教育课程分为共同基础课、通识核心课和第二课堂。其中共同基础课分为公民基本教育课程和基本能力课程。专业教育课程分为学科专业基础课、专业核心课、专业方向课、综合实践课（见表7.9）。

表7.9　课程设计

课程类型	具体内容		课程
通识教育课程：从加强公民基本教育、基本能力培养和价值观塑造等目标出发构建通识教育课程体系，包括共同基础课、通识核心课和第二课堂	共同基础课程	公民基本教育课程	包括思想政治理论课程、军事理论（军训）课程、心理健康教育课程和体育课程
		基本能力教育课程	大学英语、计算机和大学写作课程
	通识核心课程	文学与艺术	
		历史与文化	
		哲学与伦理	
		经济与社会	
		科技与自然	
	第二课堂		包括志愿服务、社会实践、科技学术活动、文体活动、社团活动等
专业教育课程：从培养学生的专业基本素养和核心能力出发设置专业教育课程	学科专业基础课程		
	专业核心课程		
	专业方向课程		
	综合实践		
创新创业教育课程	职业生涯规划课程、创业理论课程、创业实践课程		

1. 学科专业基础课（专业一般能力的培养）

（1）休闲体育学科基础模块：体育概论、休闲体育概论、体育休闲娱乐导论、体育心理学、体育社会学；

（2）人体运动科学模块：运动解剖学、运动生理学、体育保健学、运动营养学；

（3）经营管理基础模块：管理学原理、体育市场营销、体育管理学。

2. 专业核心课程（专业核心能力培养）

（1）技能指导与服务：游泳、水上救生技术、休闲潜水、跆拳道、健身气功、休闲高尔夫、网球、健康体适能、健美操、社区体育指导、体育教学计划编制与案例；

（2）组织与策划能力：休闲活动策划与管理、体育游戏、体育竞赛组织与编排、体育赛事管理；

（3）经营与管理能力：休闲体育经营与管理、体育俱乐部经营管理、酒店康乐体育服务与管理、体育场馆经营与管理、体育公共关系；

（4）产品开发与推广能力：体育旅游概论、休闲体育产品设计与开发、休闲体育市场营销、体育品牌与策划。

3. 专业方向课程（岗位能力的培养）

（1）亲水运动：休闲潜水、帆船、帆板、冲浪；

（2）休闲健身：私人教练、会籍顾问；

（3）休闲体育产业管理：休闲体育产业概论

4. 综合实践类课程（综合能力，特别是实际操作能力培养）

（1）拓展第二课堂：休闲体育活动策划协会、社区服务协会、体育赛事管理协会、体质监测与健身指导协会等；

（2）搭建校内实践平台：大学体育教学助理、体育欢乐节、体质健康测试、游泳池、健身房等；

（3）实践教学体系：课程实训、暑期社会实践、专业实习、毕业实习。

5. 创新创业类课程（创新、创业能力的培养）

专业入门指导、职业生涯规划、创业理论类课程、创业实践课程。

（三）各模块课程的课程目标

1. 通识教育

（1）共同基础课程：公民基本教育课程、基本能力教育课程（见表 7.10 和 7.11）。

表 7.10　公民基本教育课程目标

公民基本教育课程	课程目标	开设课程和形式
思想政治理论课	通过思想政治理论课程的学习,使学生能够运用所学理论去认识社会、指导实践,并在接触、参与社会实践中接受教育、加深对所学理论的理解,培养观察问题、分析问题和解决问题的能力,更好地发展自我、适应社会,整体提高学生思想道德水平和政治理念素养	思想道德修养与法律基础、马克思主义基本原理、中国近现代史纲要、毛泽东思想、邓小平理论和"三个代表"重要思想概论、形势与政策
军事理论(军训)课程	通过对军事理论和军事技能训练的学习和实践,使学生掌握基本的军事理论、军事知识与技能,培养学生的国防观念和国家安全意识,强化爱国主义、集体主义观念,加强组织纪律性,促进学生综合素质的提高	采用网络课程和集体训练相结合的方式开展
心理健康教育课程	通过心理学基本理论、基本技能的学习,使学生了解自我的心理发展特征及表现,掌握自我心理调适技能方法,培养学生良好的心理品质,增强学生克服困难、经受考验、承受挫折的能力,以良好的心理素质适应社会的要求	

表 7.11　基本能力教育课程目标

基本能力教育课程	课程目标	开设形式
大学英语	培养学生的英语综合应用能力,突出听说能力,具备基本读写能力,使学生能以英语为工具有效地进行口头和书面的交流	"大学英语"设置"视听说"和"读写译"两类课程,大学英语采用分级分类教学。分级是针对不同基础的学生,分类是针对不同学科开展。基础班"视听说"三个学期、读写一个学期;中级班"视听说"二个学期、"读写译"二个学期(限选);高级班"视听说"一个学期、"读写译"二个学期(限选)加文化类一个学期(任选)
计算机类课程	培养学生信息素养和计算机应用能力,为专业教学服务	计算机类采用分类分层教学。计算机类课程设置"计算机应用基础"和"计算机语言课程"。"计算机应用基础"为2.5学分,60学时,第一学年第一学期开课;"计算机语言课程"为2学分,60学时,全部为实验教学,第一学年第二个学期开课
大学写作	培养学生的书面和文字表达能力	

(2) 通识核心课程(见表 7.12)。

表 7.12 基本能力教育课程目标

通识核心课程	课程目标	学习要求
总体目标	培育学生的人文情怀、生存智慧,提升学生综合素养,健全学生人格	
文学与艺术模块	通过对经典文学与艺术作品的学习和分析,探索文学与艺术作品风格的形成和转变,以及社会环境对作品的影响,培养学生文学艺术作品鉴赏能力和表达自我感知与想象创造的能力	每门课程 1～2 学分,15～30 学时。要求学生至少选择三个模块中的课程进行修习,修习学分不低于 5 学分;并且在冬季短学期的"名师课堂"选修至少 1 学分。四个学年修习完成共 6 学分的通识核心课
历史与文化模块	通过对社会发展特殊时期的历史和不同区域文化的学习,帮助学生理解一些重大历史事件产生的缘由及世界各国不同文化的形成原因,培养历史和文化的反思能力,增强学生的历史责任感、传承与创新文化的使命感	
哲学与伦理模块	通过对中外哲学思想的了解和伦理的深入考量,使学生进入到较高层次的思想境界,接受东西方智慧传统的精神洗礼,正确理解和对待人与人、人与社会和人与自然之间的道理和准则,培养学生理性思辨能力、伦理判断能力和逻辑思维能力,培养学生社会责任感和看待问题的思维和方法	
经济与社会模块	通过对经济学常识的了解、管理学发展脉络的认识,以及社会科学的基本思想和方法的学习,引导学生关注经济的发展和社会变化中出现的重要问题,学会经济思维和社会科学的思维方式和方法,使学生发现生活之美,产生较深感悟和审美体验,提升学生的幸福感,培养学生的组织能力和领导素养	
科技与自然模块	通过对自然的宏观与微观世界的展示,科学技术的了解,移动互联网的认识,引领学生逐步建立对于人类、自然和科技的科学态度和理性认知,引导学生理解人与自然相互关系,理解生态、生命的意义,理解科技进步所产生的深远影响,塑造学生理性批判、科学探索的精神,培养学生尊重生命,树立保护自然的理念,实现科技进步与人文关怀的交融	

(3) 第二课堂。

目标:充分发挥第二课堂育人作用,培养学生的社会责任感、专业综合运用能力、组织及领导能力和团队协作能力。

要求:设置志愿服务、社会实践、科技学术活动、文体活动、社团活动等活动。学生参加相关活动可获得相应学分。3 个学分,在四个学年完成。

2. 专业教育课程目标

专业教育课程包括学科专业基础课程、专业核心课程、专业方向课程和综合实践课程,各课程目标如表7.13所示。

表7.13　专业教育课程目标一览表

专业教育课程	课程目标	开设课程
学科专业基础课程	让学生掌握体育学、休闲体育、运动人体科学、体育管理与市场营销的基本理论和基本知识以及休闲体育研究的基本方法	专业入门指导、体育概论、休闲体育概论、体育社会学、体育管理学、体育市场营销、运动解剖学、运动生理学、体育保健学、体育心理学、体育健康学、体育健康学、职业素养养成、体育科研方法
专业核心课程	①让学生掌握休闲体育技能指导与服务的知识,主要包括专项运动能力、技术指导能力、咨询服务能力。②让学生掌握休闲体育活动组织与策划的知识,主要包括根据不同条件策划适宜开展的休闲体育活动、制定休闲体育活动方案、组织实施休闲体育活动、预防与处理休闲体育活动中的突发事件。③让学生掌握休闲体育企业(场所)经营与管理的知识,主要包括休闲体育企业(场所)经营管理的运作程序、方法和手段,特别是体育场馆、健身俱乐部、酒店康乐部的运营和管理。④让学生掌握休闲体育产品开发与推广的知识,主要包括休闲体育市场需求调研的基本程序与方法、对现有休闲体育产品进行整合创新的方法、休闲体育新产品设计与推广	游泳、水上救生技术、休闲潜水、健康体适能、健美操、休闲高尔夫、二十四式太极拳、沙滩排球、民族传统项目、时尚球类项目、休闲体育经营与管理、体育俱乐部经营与管理、休闲体育活动策划与管理、休闲体育产品设计与开发体育场馆经营与管理、体育赛事管理、体育英语
专业方向课程	①亲水运动方向:掌握亲水运动(休闲潜水、帆船、帆板、冲浪、皮划艇、游艇等)技能,掌握亲水指导与服务、亲水活动的组织与策划、亲水俱乐部经营与管理、亲水运动产品开发与推广的相关知识,并考取相应的教练员、职业资格或社会体育指导员证书。②休闲健身方向:掌握休闲健身(私人教练、健身操舞、太极养生)的运动技能,掌握休闲健身指导与服务、休闲健身活动的组织与策划、休闲健身俱乐部经营与管理、休闲健身产品开发与推广的相关知识,并考取相应的教练员、职业资格或社会体育指导员证书。③户外运动方向:掌握户外运动的相关技能,掌握户外运动指导与服务、户外俱乐部的经营与管理、户外运动的组织与策划、户外运动产品开发与推广的相关知识,并考取相应的职业资格或社会体育指导员证书。④休闲体育产业管理方向:掌握休闲体育产业政策分析、休闲体育服务运营与管理、休闲体育产业经营与管理、休闲体育市场营销的相关知识,并考取相应的职业资格证书	私人教练:私人教练基础、身体功能训练、健身与健美、动感单车;健身操舞:有氧舞蹈、健身操、瑜伽、普拉提;太极养生:健身气功、太极拳、太极剑、太极扇;户外运动:定向运动、野外生存、户外拓展、自行车运动;休闲体育产业管理:休闲体育产业概论、体育产业经济学、体育服务运营与管理、体育赞助、体育经纪人
综合实践	岗位操作能力;发现问题能力;解决问题能力	专业认知实习、专业实习、休闲体育专业技能大赛、毕业实习、毕业论文(设计)

3. 创新创业课程目标

使学生对所学的专业创业展望和创业实践有初步的认识,培养学生的专业思想,使学生取得专业认同;让学生了解专业的创业方法和学习资源,激发学生对创业的兴趣,调动学生学习的积极性,树立学好创业的信心,打开思考创业实践的思路;帮助学生进行初步的大学创业规划,更好地设计自己的学习创业生涯和职业创业生涯;让学生了解该专业的创业实践前景,具备创业基本知识和创业技能,提高创业能力。

开设课程:设置职业生涯规划课程、创业理论课程、创业实践课程,共 5 学分。职业生涯规划,1 学分,15 学时,第一学年第一学期开设;创业理论课程,2 学分,30学时,第三学年第二学期开设;创业实践课程,2 学分,30 学时,第二至第四学年开设。

(四) 休闲体育专业课程地图

为了方便学生更直观地对课程体系和人才培养通路有清晰的认识,使他们更加明确地规划自己四年的学习,我们设计了休闲体育专业课程地图(见图 7.3)。该地图在横向上以四年的学习进程为轴进行排列,每一时间节点要达到的培养目标一目了然;在纵向上以获得的基本素养和核心能力为轴进行排列,同时将基本素养和核心能力进行分解,在时间上对应不同的课程模块,同时罗列需要考取的资质证书和合适时间。通过四年的学习后,将休闲体育专业可能的就业的前景和就业的方向进行清晰的展示,让学生对未来的职业规划有清晰的认识。

四、构建动态发展的休闲体育专业课程体系

目前海南休闲体育专业发展滞后,休闲体育的深入研究还较为欠缺,缺少对休闲体育专业的整体了解,尚未建立起有关体育与休闲相结合的课程体系,甚至个别高校的休闲体育课程设置混乱,人才培养目标定位不准,与社会对人才的需求不相适应。

第一,海南休闲体育人才培养目标要以社会需求为导向,遵循体育学科自身的发展规律,在海南经济发展和体育改革的引导下,围绕海南经济、社会、文化的发展规律确定休闲体育的培养目标,从知识的传授、能力的培养以及素质的拓展三个方面培养适合海南特点的复合应用型人才。

第二,各高校在办学过程中,休闲体育专业发展定位要和社会需求相符合,专

培养目标：培养学生掌握休闲体育的基本知识、基本技能，具有创新精神、实践能力、人格健康的应用型的专门人才

一年级上　培养学生掌握休闲体育专业理论基础知识和基本技能，走向休闲的社会，休闲的社会制约，论普遍有闲的社会

一年级下　培养学生掌握休闲体育专业理论知识和基本技能，走向休闲的社会，休闲的社会制约，论普遍有闲的社会

二年级上　培养学生专业理论知识和技能的基本应用能力的专业素养

二年级下　培养学生专业理论知识和技能的基本应用能力，21世纪休闲教育之价值，走向休闲与休闲服务，走向人文关怀的休闲经济

三年级上　培养学生岗位认知能力，并具备初步岗位操作能力

三年级下　培养学生方向岗位技能，取相关职业资格证书，具备岗位认知和专业素养。关于休闲学研究的基本问题，休闲居民休闲体育促进生活质量的理论与实证研究

四年级上　培养学生方向岗位技能，具备岗位认知能力和职业素养。休闲学生活满意度、我国居民体育生活

四年级下　培养学生岗位操作能力、研究和创新能力，解决实际问题的能力

就业前景　可在亲水运动企业、休闲健身会所、星级酒店康乐部、广外拓展培训机构、体育文化发展公司、体育场馆，学校等企事业单位从事休闲体育教育、管理与服务等方面的工作

职业素养养成

考研　出国

教师资格证（三下）游泳救生员（三下）潜水、帆船教练、私人教练、游艇、帆船陪练训练、公共营养师、游泳教练员

武术社会体育指导员、广外社会体育指导员、广外拓展培训、体育经纪人

职业资质证书

毕业实习　毕业设计

专业实习

基本素养

人文通识力：思想道德修养与法律基础，马克思主义基本原理，大学写作，计算机应用基础，形势与政策／中国近现代史纲要，毛泽东思想、邓小平理论，大学英语，形势与政策，历史与社会／经济与社会

体育认知力：休闲体育概念／休闲体育概论／体育社会学／体育心理学

技能学习力：运动解剖学／运动生理学／体育保健学／水上救生技术休闲高尔夫二十四式太极拳时尚球类

管理操作力：体育管理学／体育市场营销／体育俱乐部经营与管理

游泳1　游泳2　健美操　民族传统项目　体育旅游概论　休闲潜水　健康休闲适能

核心能力

技能指导与服务能力

会所经营与管理能力

活动策划与组织能力

产品开发与推广能力

体育英语　体育科研方法

冲浪、反划艇、游艇、帆船、帆板
弓道基础、身体功能训练、动感单车
健身操、瑜伽、有氧舞蹈、普拉提、健身气功、太极柔力球、大板轮、自行车、户外骑游
定向运动、野外生存、户外拓展、体育经纪人、体育管理
体育产业经济学、体育赛事管理、场馆经营与管理、休闲活动策划与管理、休闲体育产品开发与设计

学制、修业年限：4~6年，毕业学分要求：155　　授予学位：教育学学士

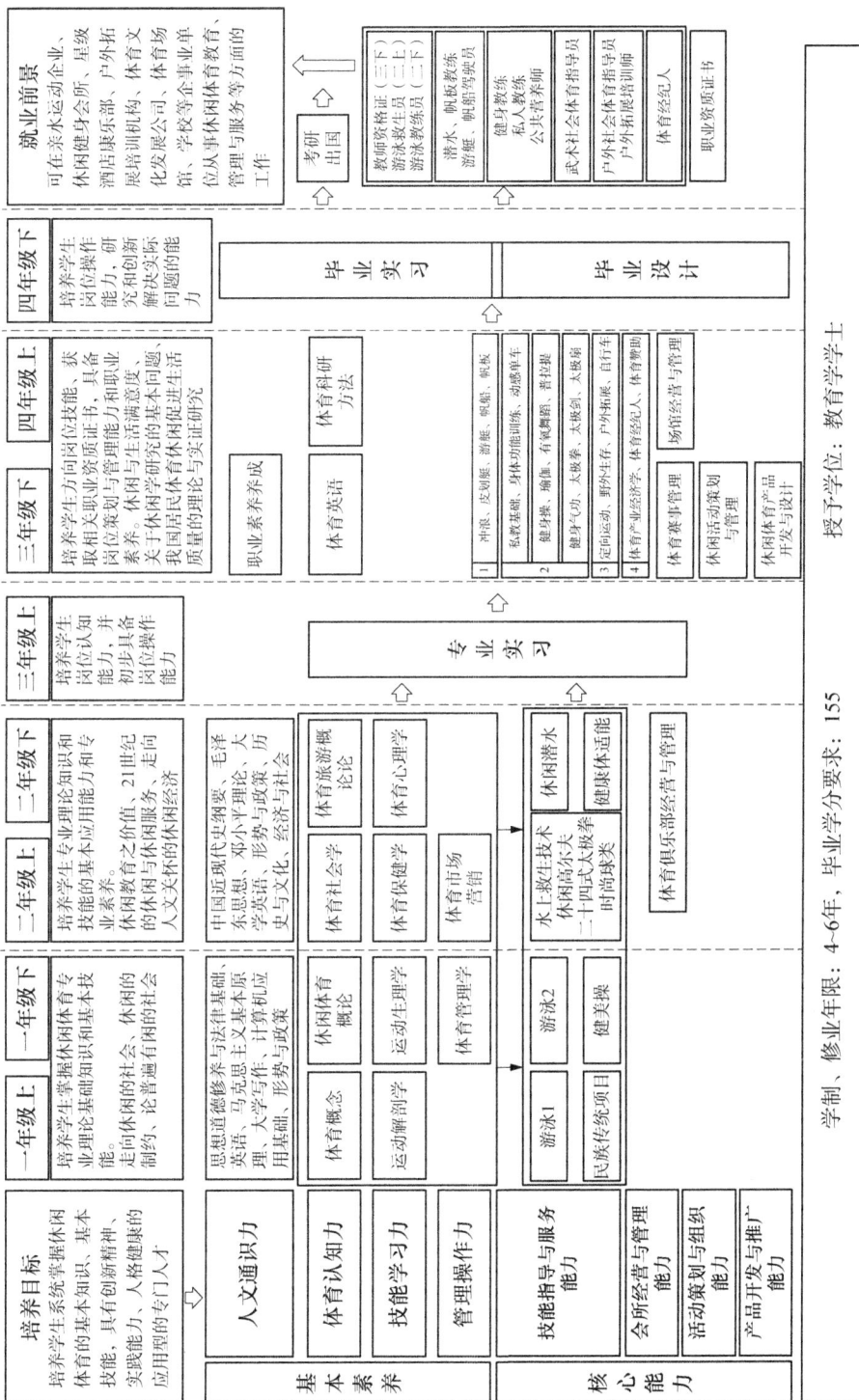

图7.3　基于素养养成和能力培养的休闲体育专业课程地图

业设置的方向既要顺应休闲体育发展的方向,又要满足当前海南自贸区(港)建设的社会需求。方向设置选择上既要符合经济社会发展需要,又要适合地域特征。要明确人才定位与社会需求之间的关系,了解市场人才走向,按照社会发展对人才的具体需求设置专业课程方向,及时了解休闲市场主流运动的动态,做到多专业方向,小批量培养,使专业建设真正与社会需求相符。

第三,休闲体育专业课程设置要与社会需求相吻合,以市场需求为导向,着眼于学生未来工作中的应用,课程设置要随着社会发展而不断调整,体现课程体系的动态发展。

第四,按照《国标》要求完善休闲体育专业人才培养方案,主动探索适应区域发展的人才目标,可以积极借鉴国外高校休闲体育专业的发展经验,结合我国休闲体育的发展现状、海南自贸区(港)市场经济的发展趋势以及社会对人才的实际需求,探索适合自己的专业发展方向,根据各高校自身的办学条件和地方休闲体育特色培养不同规格的专门人才,实现差异化发展,从而满足多样化的社会需求。

第八章

海南休闲体育专业课程改革

第一节　基于行业标准的休闲体育专业术科课程教学改革研究

一、基于行业标准的休闲体育专业术科课程教学改革的必要性

(一) 行业标准与课程对接是应用型专业课程改革的需要

2016 年 11 月 28 日,海南省教育厅发布了《关于推动本科高校向应用型转变的实施意见》(琼教高〔2016〕)215 号文件,选择海南热带海洋学院、三亚学院、海口经济学院 3 所本科高校试点整体转型,转型一批符合我省十二大重点产业发展亟需的应用型本科专业。文件要求按照专业设置与产业需求相对接、课程内容与职业标准相对接、教学过程与生产过程相对接的原则,制定具有鲜明职业教育特征的本科应用型人才培养方案。三亚学院于 2014 年本科教学水平评估合格后,开始推进应用型人才培养改革,各专业通过行业调研构建了应用型课程体系,目前教学改革已转向课程层面。应用型本科专业课程开发,是高等教育提高人才培养质量亟待解决的核心问题。但由于地方高校教师课程改革的惰性、学科导向型的课程模式、课程的学术化倾向等原因,应用型课程改革开发难以落实。

麦可思研究院在中国 2012～2014 届大学毕业生社会需求与培养质量调查中表明:无论是本科毕业生还是高职高专毕业生,其毕业时的基本工作能力水平均低于工作岗位要求的水平。这说明高校教学体系培养出来的大学毕业生与社会人才需求存在着较大的偏差。世界各国高等教育的办学实践表明,应用型本科院校只有融入行业要素和标准,切实加大行业的参与强度和深度,其发展才会有生

命力。

(二) 行业标准与课程对接是培养海南省高素质休闲体育行业人才的需要

海南省人民政府办公厅于 2017 年 9 月 14 日印发了《加快发展健身休闲产业的实施意见》,提出重点发展海上休闲娱乐产业和户外健身休闲产业。体育行业是一个高危行业,如游泳救生员、潜水教练等,实行的是职业资格准入制度。行业标准是国家或行业依据不同行业对岗位知识、技能和基本素质的基本要求而制定的职业标准,其显著特点是与行业联系密切。国家制定的行业标准,它所直接映射和调控的劳动者技能,代表着劳动者能够完成的工作任务的内容和质量。因此,休闲体育专业人才培养质量的高低可以通过行业标准对岗位知识、技能和基本素质的基本要求来检验。在人才培养的实践中,将课程内容与行业标准有效衔接,可有针对性的提高学生岗位胜任能力,实现人才与岗位的无缝对接。

二、对体育行业(职业)标准的相关研究

(一) 对体育行业(职业)标准的研究

体育行业国家职业标准是体育行业国家职业资格证书制度的核心,是体育行业劳动者进行职业教育培训、考核鉴定以及用人单位录用、使用人员的基本依据。我国体育行业国家职业标准均按照《国家职业标准制定技术规程》要求研制而成的。目前已颁布的社会体育指导员、体育场馆管理员、体育经纪人和游泳救生员四个职业的国家职业标准。戴俭慧等(2003)论述了制定社会体育指导员国家职业标准的必要性与意义。李相如(2005)认为社会体育指导员技术等级制度和社会体育指导员国家职业标准两者各有作用和价值,既有联系又有其自身的目的和发展方向。赵灵峰(2010)认为我国的《社会体育指导员技术等级制度》和《社会体育指导员国家职业标准》都是为了加强我国社会体育指导员队伍的建设与管理,适应体育事业和体育产业的发展需要而颁布的部门规章,但两者颁布的背景和适用的范围不同。提出我国社会体育指导员制度应在坚持"双轨式"的基础上,选择"重点式"发展路径,更符合我国社会体育指导员发展的现实需要。戴俭慧等(2014)对中英两国体育行业国家职业标准结构和内容的异同点进行了比较分析,为建立适合国情又符合国际惯例的我国体育行业国家职业标准提供参考,提出应建立一个动态、开放的标准结构模块、层次化的体育职业能力体系和逐渐与国际接轨的体育行业

国家职业标准,以满足企业发展、科技进步以及劳动就业的需要。

(二) 行业(职业)标准与课程对接研究

当前,行业(职业)标准与课程对接研究主要集中在高职技术人才培养领域。课程内容是课程的核心要素,课程内容设计着眼于学生未来就业发展方向,立足于学生应用能力培养。职业标准是对从事具体的职业活动所具备技术能力的要求,把职业标准融入课程内容,不断优化课程内容,才能更好地实现人才培养目标。

1. 根据职业标准,整合课程内容

梁洁(2014)认为应以任务为驱动、以项目为导向,以提升职业技能为落脚点,对职业标准进行"课程整体设计",完善每一个"课程单元计划",优化整合课程内容。王瑞亮(2014)认为,依据职业标准,确定项目化课程,根据职业标准技能要求,形成具体的教学项目,形成较完善的项目教学课程体系。张松慧(2013)认为课程建设需要组织政府、行业协会、企业和学校共同参与研讨。陈琼,王尔茂(2012)认为,需要根据岗位核心职业能力对原有的课程内容重新规划。

2. 改革教学方法,实现课程内容与职业标准对接

廖素清(2014)认为,课堂教学要对接职业标准要求,应改变原有的讲授方法,要让学生到企业真实场景去实训。李娟(2014)认为在教学中应用案例教学法和实战模拟法,减少理论讲授,增加案例分析,将学生置于真实的新闻报道环境中,运用所学专业知识进行采访,这是符合职业标准所要求的。

3. 改革课程评价体系,把职业标准融入课程内容

王冬吾(2013)认为考核内容应参照职业岗位具体要求,坚持素质、知识、能力整体设计协调发展,引入职业资格标准,根据岗位要求和职业资格标准,促进学生职业能力的培养和专业人才培养目标的实现。陈琼,王尔茂(2012)认为应根据具体考证项目考核要求,分类安排学生进行理论辅导和实操训练,建立学业考试与职业资格考试接轨的有效方式。

4. 构建与职业标准对接的师资队伍

姜秀宇,李福红(2013)认为专业教师既要有丰富而深厚的专业理论知识,还要有相应的专业技能和实践经验。倪中华(2013)认为应重视双师型教师的培养,组织教师到企业顶岗实践活动。

综上所述,关于体育行业职业标准的研究集中在社会体育指导员制度的研制、作用、与国外职业标准结构和内容比较研究上,但行业(职业)标准与课程对接或融

合的研究几乎没有。关于行业(职业)标准与课程对接的研究主要集中在高职技术人才培养领域,而且已取得一定的阶段性成果。但必须认识到应用型本科层次的人才培养与高职类人才培养的差异性,所以说不能照搬高职类职业标准与课程对接的相关理论和具体实践,还需要根据应用型人才培养的特征结合体育学科的特点,来构建基于行业标准的休闲体育专业课程改革的理论框架,再结合行业标准和行业规范对人才知识、能力、素养的要求来对相应的术科课程进行教学改革,以实现课程与行业标准的有效对接。

三、基于行业标准的休闲体育专业术科课程教学改革实践

(一) 基于游泳教练员资质的游泳课程教学改革

1. 对游泳教练员资质标准的理解

(1) 游泳教练员职业标准。游泳教练员是指教授学生掌握相应的游泳技能完成游泳训练并提高学生身体素质的人员。游泳教练员的主要职责是完成游泳课程的教授,教会学生游泳的专业动作姿势,提高学生的游泳水性和游泳耐性。教会学生能够在水中各种漂浮的姿势,包括屏息直立漂浮、蹬地漂浮以及平卧漂浮,并增强学生的肺活量,准确掌握游泳姿势之外能够强身健体和自救。现在大多数教练员专业技术水平比较低,自己本身对游泳的运动技能不标准并缺少良好的专业理论的培训,对游泳运动的原理和教学的步骤不甚了解。在教法方面没能掌握良好的教学理论并将其运用到日常的教学流程之中,在日常的游泳教学中教学的方式过于陈旧、教学的模式太过于死板,很难调动学生学习的积极主动性并提高学生平日里训练的兴趣。这些方面都限制着游泳教学的水平以及游泳行业的发展。

(2) 游泳教练员行业规范。游泳专业学生在大学毕业后大多数将从事与体育相关的职业,能够专业准确地掌握游泳的相关技能并从中锻炼出良好的身体素质,提高自身的耐力和运动技能。其中大多数学生也会走上体育教练员或者是游泳教练员的岗位,大多数都要在大学期间掌握较为扎实的运功理论基础和熟练的运动技能。

2. 游泳课程改革设计

基于上述对现在学生能力的分析、游泳教练员本身需要掌握的运动技能和理论的要求以及现在游泳教练员本身出现的问题的不足。如下展开对游泳课程实践的设计,使得现在高校的游泳课程能够更好地服务学生,能够与学生未来的就业相

接轨并提高现在教学的时效性。

（1）课程设计理念。休闲体育专业的游泳课程本身就是一门偏重于实践类的课程，更重视的是学生本身的运动技能的掌握和运动目标的达成，并在运动训练中提高身体素质，陶冶情操和磨炼精神意志。所以在课程设计中需要对动作能力的反复加强和联系，并通过对多媒体的反复观看以及现实亲身实践相结合来掌握动作的细节技巧。

（2）教学目标。在日常的游泳运动教学中要转变传统竞技体育的观念，要关注游泳本身的娱乐健身功能。改变传统教学的不合理性和落后的教学观念，引导学生从体育保健的层面来进行日常的游泳训练，学习有氧的运动训练方法从而提高人体器官的机能，极大地锻炼自身的素质，增强学习体质。在日常的教学中要加强对动作细节的训练，关注细小的运动特点，从而不断地提升学生的运动速度以及夯实学生的运动技巧和能力。

（3）教学内容。游泳教学中不仅要专注于运动技能的训练，同时要结合运动理论的学习，要在平日训练中加强运动生理学、运动心理学、运动机能学的学习，能够理论结合实际。在理论的指导下不断地提升学生运动技能的准确性和高效性。在日常的教学中要加强竞技体育和健康体育并重，不仅是从运动的能力和成绩上来衡量学生的成绩，更应该关注学生身体素质的提升以及耐力意志力的培养。从学校体育向终身体育的教学理念进行转变，不仅要关注学校体育的发展和教学质量更应该从长远的角度来看，发展终身体育，加强学生的运动意识和终身运动的观念，提高学生的身体素质和从心底增强自身的运动意识和积极运动的观念。在教材选择上则需要结合多种版本的教材，将运动技能和运动理论相结合的教材是更适合学生学习的，同时要增强教学的科学性和趣味性，在教学中采用循序渐进的方法，从而提升教学的效率。在教学中应该采用实践课与理论课进行交叉进行，在实践的过程中要结合理论的相关内容。在进行理论的研究之后，结合现实的实践内容丰富学生的运动体验，并将其中的理论方法应用到现实中来从而更好地指导实践，提升学生在游泳实践中的运动速率，并更好地掌握其中的运动技巧和方式。结合实践，在游泳过程中要注意动作的协调性，其中通过锻炼意志的训练来提升自身的身体的协调能力，同时要保持游泳的动作要领，加强身体的推进力和提高身体的频率从而提升游泳的速率，保证学生的运动成绩的提高。

（4）教学方法。在"以人为本"的教学理念的基础上应该充分尊重学生的主体性要求，调动学生学习的主动性和积极性，培养学生的学习兴趣并达到终身运动的教育目标。基于现在技术化教育手段，在游泳课上可以采用多媒体等现代手段，将游泳中技术难度大的动作技巧生动形象地展示在多媒体上,让学生更加直观地观看和掌握动作的细节。在教学中,应该关注学生的主体性,因材施教,依据学生不同的性格特点和学习风格制定相应的教学策略和教学手段,从而得到更好的教学效果,而实现教学的多样性和丰富性。在游泳教学上还可以采用翻转课堂的方式,教师在上课之前制作游泳的教学导案,在正式上课前让学生自主地观摩教学导案的视频,了解游泳动作中的重难点动作并在课堂上师生根据导案的内容进行解答疑难并操作实践。

(5) 实践教学。在实践教学中,首先,教师本身应该对这节课的教授内容以及学情进行一个全面的备课。所以这要求游泳教师本身就具有较高的理论和实践水平,再者在课堂上应该依据学生不同的身体素质以及学习特点进行分层教学,将水性好以及对水本身就恐惧水的学生进行分类教学。针对水性好悟性高的学生可以增加其课程掌握的难度,并激发起学习的兴趣,帮助其能更快更好地完成游泳项目的学习。而对于那些水性较弱的学生则需要专门进行一对一的辅导练习,在教师和同伴的帮助下让其尽快掌握游泳的技能和姿势技巧。

(6) 考核方式。在"以人为本"的现代化教学中,不能仅仅依靠分数来单一地评判学生的学习效果,考核的方式应该更加多样性和丰富性。在日常的学习教学中,可以采用小组合作竞争的方式来进行考核,这种考核方式打破了先前单一的以时间为标准的竞技类体育的评比,而增强了学生本身学习的积极性和合作性,加强了评判的多样性,也可以增进学生之间甚至是学生和教师之间的关系,促进教学更好地进行。

(二) 基于游泳救生员职业资质的水上救生课程改革

水上救生课程是海南休闲体育专业一门专业核心课程。游泳是一项高危休闲活动,各大游泳场所必须具有一定资质和数量的游泳救生员才能开展游泳活动。因此,游泳救生员在水上救生运动中占据着非常关键的地位,只有培训高水平的游泳救生员,才能保证大众游泳活动的安全。在休闲体育专业救生课程中将游泳救生员职业资质融入课程教学,有利于培训具有滨海休闲运动技能以及服务水平的应用型人才。

1. 对行业标准的理解

游泳在中国是一项十分受欢迎的体育运动,近几年中国因游泳造成的溺水伤亡意外每年都在增加。2014年世界卫生组织《全球溺水报告》显示中国每年有大量的少年儿童因溺水而亡,这是造成青少年死亡的最大"元凶"之一。这在很大程度上都是因为游泳场所没有做好安全监管,救生力量有缺陷。若游泳救生没有延误,处理方法也完全正确,就可以给后续的救援打下基础,能更科学地保护民众的生命健康,达到挽救生命、减轻伤残的目的。当前游泳救生员从业人员水平参差不齐,主要问题在于理论与实践脱节,不具备从业能力,和社会需求不相符。工作要求:①全面盘查游泳区域的整体安全,确保不出现安全问题;②保障游泳者安全,对其做好相关的观测与保护;③对溺水者作出现场救援;④对游泳运动过程中多见的运动受伤情况做好简单的应急处置;⑤医务工作者到达前,对溺水人员做出现场救援;⑥现场人工呼吸以及心肺复苏。

2. 游泳救生员行业规范

(1) 养成较高的安全意识以及责任心,保障游客安全。

(2) 对游泳者做出针对性的安全监管,划分好儿童池、成人池、深水区、浅水区,以此为基础进行分区监管,对越界及不听从劝诫的游客给予警告提醒,警告后再犯的可驱逐出场。

(3) 时刻关注池内状况,尤其是入池口,深浅分界区、成人池儿童池交界区等;一旦出现求救信号、遇溺等意外状况,必须及时采用正确高效的救援方案。

(4) 工作时将救生服、口哨、救助工具并穿戴完整,于工作时间二十分钟之前到达岗位,把游泳池中警示牌、桌椅、太阳伞、过脚池、循环系统、地面卫生等方面的卫生处理完毕,并放置在准确位置。

(5) 需在指定的工作负责区域上岗或者巡岗,不能随意离岗、并岗,或者在工作时间看书报、聊天、睡觉等,有事离岗应提前告诉同池值班救生员,同时应于十五分钟内返回。

(6) 每日工作完毕后应当复查负责的区域,并检查游客是否遗留物品。

(7) 碰上雷雨天气或可能会造成游客安全问题的状况应当快速清场,暂时关停游泳场。

(8) 对不遵守游泳池相关管理规则的游客,应当给出提醒或警告,违反情况严重的可以驱逐出场。

(9) 注重水质的净化工作,熟练运用循环过滤系统装置。

2. 游泳救生员课程改革设计

(1) 课程设计理念。将游泳救生职业资质标准进行分解,融入游泳救生员课程教学中去,课内传授理论知识和实操技能,利用课外实习平台进行实践教学,培养学生救生应用能力。

(2) 教学目标。知识目标:熟练掌握水上救生技术的相关知识内容,具体包含水上救生的源头、发展、以及游泳救生的概念、意义和基本原则,除此之外,游泳救生员要明确自身工作定位,在进行游泳救生时做好观察判定工作,掌握救生游泳的基础技能、游泳卫生和安全知识、水上救生技术的练习需求等。

能力目标:学会把理论应用到实际中去,争取把水上救生技术练习到炉火纯青的地步,比如救生游泳的基础技能、游泳救生的救援能力、游泳救生的现场应急能力,严格按照游泳救生员监管要求展开工作。

素质目标:提高学生对水上运动的学习热情,帮助他们学会如何进行水上救生,让他们能做到科学合理地救人,不仅要成功挽救溺水者生命,也要保证自己的安全。

(3)教学内容。教授内容具体包括水上救生技术的理论知识以及水上救生技术的实践知识内容。理论知识中讲到水上救生的源头、发展,以及游泳救生的概念、意义和基本原则,除此之外,游泳救生员要明确自身工作定位,在进行游泳救生时做好观察判定工作,掌握救生游泳的基础技能、游泳卫生和安全知识、水上救生技术的练习需求等。技术实践则主要是救生游泳的基础技能、游泳救生的救援能力和游泳救生的现场应急能力等。

(4)教学方法。本课程共有十五个理论课时,三十个实践课时。在教授过程中,学生可以逐渐学会水上救生下水之前的勘测、入水的途径和方式、如何靠近溺水人员和救生器材的使用方法。老师将采用原理性教授方式、技术性教授方式以及操作性教学方式等做出理论与实践全方位的教学,融合"课外指导"与"课外实践",采用多样化的教学方法,创建"课内外一体化"形式。学生可以在图书馆中找到必读书目与选读书目中的资料;在课程结束后,应及时上交作业,每星期要完成两次或两次以上的游泳锻炼,每次时长应满半小时。帮助学生在学习过程中发现和处理问题,让他们能更好地完成"课外实践"工作,以此提高教学时效性和应用性。

(5)实践教学。国家在培养高级救生员时,救生专业技术的实践练习是必备功课之一,一个具有专业证书的救生员一定要具有专业的、正确的救生能力,才能为做好救生工作给予有效的保障。

初、中级救生员:各类救生专业技能的培训(踩水、潜泳、侧泳、反蛙泳、爬泳、蛙泳等);耐力训练(每次间隔应大于五百米)姿势不做要求;速度训练(间隔为二十五米)抬头爬泳;无氧训练(间隔小于五十米、深度小于五米);负重训练(重量应大于或等于十五公斤);赴救训练(从下水持续至把溺水者营救到岸上);解脱训练(在救人过程中被抱持情况下的解脱能力);运送训练(水中和陆上的运送);现场急救技术（心肺复苏、常见溺水情况的处理）。

高级救生员：教授、解答、演示的整体能力；各种溺水事故的判定和解决能力。

在进行培训时，包括了救生需要具有的理论和实践各方面技能。但是，在进行实际培训时，考核部门还是要做好审核检查工作，保证训练内容完整全面。这样才可以让游泳救生员的培训工作落实好。

（6）考核方式。考核模式：考试。

比例：考勤 15%、平时作业 10%、课堂表现 15%、期末技能考核 40%、期末笔试考核 20%。

考查标准和要求：

考勤：满分 100 分，权重占 15%。每请假一次扣 20 分，若有旷课则扣 50 分，迟到和早退的情况扣 10 分，考勤分数如果达到 0 分，则无法参与考试；

日常作业：满分 100 分，权重占 10%。要求亲身考察游泳池地理位置，场所安全状况、救生工具、工作员工有没有持证工作、员工（前台、游泳教练）具体状况，考察完毕后写一份调查报告，适当插入图片，以此作为作业并提交，满分 100 分；

课堂表现：满分 100 分，权重 15%。课程上布置的课堂作业应当堂完成；

期末考试：满分 40 分，权重 100%。

期末技能考试形式和评分要求（见表 8.1 和 8.2）：

表 8.1　游泳类项目评价指标

项目	性别	标准	分值区间
25 米速游评价指标	男生	16（含）秒以内	10
		16.1~20 秒	1~9
		20.1 秒以上	0
	女生	20（含）秒以内	10
		20.1~25 秒以内	1~9
		25 秒以上	0
20 米潜泳	男女生标准相同	20 米（含）及以上	10
		15 米（含）及以上至 20 米以下	6~9
		10 米及以上至 15 米以下	1~5
		10 米（含）以下	0

（续表）

项目	性别	标准	分值区间
徒手踩水	男女生标准相同	50 秒及以上	10
		40～50 秒以下	8
		30～40 秒以下	6

表 8.2   急救板项目评价指标

项目	考核要点	扣分标准	总分
急救板	两名考生技术动作正确,口令清晰,协调一致。顺序:头锁—胸头锁—改良肩头锁—侧翻—插入急救板—复原平卧位—胸头锁—斜方肌锁—胸、腰、脚扣带—胸头锁—头部两侧放置泡沫垫—扣带。	手法错误－4 分 没有交叉手法－1 分 侧翻时一手没有固定－1 分 胸、腰、脚扣带顺序错误－1 分 系胸带时两手臂被扣－1 分 脚底没有绕"8"字－5 分 胸头锁手法错误－1 分 头部两侧-泡沫垫位置错误－2 分 交换时口令不明确－2 分	20 分

　　形式为闭卷考试,题型分为单项选择题、判断题、名词解释、简答题以及案例分析题,评分标准略,满分 100 分,权重占 20%。

　　3. 教学改革的策略

　　(1) 救生技能融入课堂教学。救生技能的教学重点以救援技术为主,即如何掌握有效救助他人的救生能力,也要求具有相当程度的游泳基础。所以为让同学们养成良好的自救技能,就应把相关的知识融入学习的每个环节中,让学生认识到一个人在独自游泳过程中可能出现的意外情况,比如肌肉痉挛、腿后侧肌肉痉挛、脚趾肌肉痉挛、腹部肌肉痉挛和游泳时由于体力不足忽然下沉的情况,同时学习相应的解决方案。

　　游泳救生中救援技术最为重要,具体分成间接救援技术与直接救援技术。每一个学生都要学习的是直接救援技术,在课堂学习中学生要掌握,当溺水事故发生时应及时到现场做出正确的观测以及判定,通过现场的情况,在确保自己安全的情况下采用正确的救援方式:比如使用救生圈、救生浮标、手援以及其他救生用具,长毛巾、绳子等有浮力的东西都包括在内。直接救援技能的实践教学应当放置在水平三或水平四中,学生在学习如何救援他人之前应首先具有相当程度的游泳水平,在课程教学中学生会学习怎样进行水中救援,比如入水姿势、如何靠近溺水者、在被溺水者抓抱时怎么尽快解脱、在控制溺水者后正确拖带、如何把溺水者从水里送到岸上以及把溺水者送到急救室或者医院的运送技术,这些让课程的实用性得到了体现,学生完成课程便可做到熟练掌握游泳技能和现场状况,在保障自己生命安全与做出正确观测与判定的情况下,合理地进行救援。除此之外,体育教学还与医学知识相结合,给学生演示心肺复苏的操作手法,让学生学会在不具备相应设备的情况下徒手操作,这主要应用于出现心跳呼吸骤停的溺水者,是心肺复苏技术中的基础手法,同时也是拯救生命的关键阶段,非常实用和高效。

（2）结合多媒体技术展开教学。把传统游泳教学与互联网教学方法融合起来,在课上进行实践操作锻炼提升水中游泳能力,课前和课后都可以利用相关软件上的教程来预习和复习。老师在上课之前可以投放网络课程,学生使用手机、电脑或者平板等相关电子工具来观看游泳与救生技能的线上课程,积极做好预习与复习工作,更深入学习游泳和救生的安全内容与理论内容,提升自己的学习水平,以此解决目前许多学生缺乏足够的游泳救生理论知识这一问题,深入浅出地强化学生在水下的安全意识,提升保护自身的能力。学生在学习了救生技能之后,就能够认识到他人在水中发生意外状况时要怎样进行应急处理,不但学习到了救生的理论知识与实践技术,还能够提升学生游泳技术的有效性和安全性。学生利用线上学习及与老师、同学互相交流,能快速提高在水中学习的效率。

（3）改革游泳救生课程的评价方式。游泳救生课的考核方法采用过程性评价和终结性评价相结合的方式。在进行过程性评价时,除了考查学生在出勤、学习态度以及练习的积极程度之外,还应该把游泳救生线上学习添加到形成性评价之中,检查学生在课外是否对有关的教学视频进行了全面学习,在进行终结性评价时,不仅要考察水中的实践情况,还要考察游泳与救生理论知识,提高同学们对救生知识的重视度。在划分考察分值比例时应认识到游泳救生本质上来说是一门实践课程,实践知识的比重应当占更多分值,理论知识的比重则应相对较小,实践和理论并重的考试模式能让学生积极主动的学习游泳救生知识。

（三）基于三人篮球赛事工作过程的三人篮球课程设计

1. 三人篮球课程改革背景

三人篮球是从美国的街头篮球演变而来。由于规则简单、场地要求不高、组队方便、参与性强,迅速成为风靡全球的一项篮球赛事。20世纪90年代,我国经济发达地区陆续开始开展三人篮球赛事,《全民健身计划纲要》鼓励民众参与三人篮球赛事活动,国家体育总局篮球运动管理中心也成立了"三人篮球办公室"专门发展三人篮球。随着近年来国际篮联不遗余力地推广,国际奥林匹克委员会在2017年6月9日官方宣布,三人篮球比赛自东京奥运会起,正式成为奥运比赛项目。三人篮球具有强度大、转换快、偶然性强的特点,在民间拥有庞大的群众参与基础,2016年我国的三对三篮球联赛遍布了全国230座城市,由此可见,无论是在竞技体育、全民健身还是体育产业方面,三人篮球项目均有巨大的市场潜力。

三人篮球在我国起步较晚,项目的标准化、制度化、规范化程度并不算高,因此,如何制定合理的赛事体系、设计不同级别的比赛、吸引不同的群体来参与,来促进三人篮球赛事规范有序地发展,是摆在广大篮球工作者面前的重要课题,培养专门的三人篮球人才服务于全民健身和发展体育产业是休闲体育专业的应尽义务。

2. 三人篮球课程设计理念

(1) 以学生为主体、教师为主导:确立学生的主体地位,在教学中尊重学生,既要考虑学生的全面发展,又要考虑学生的个性发展。

(2) 注重基础、强调应用:我校的人才培养定位为应用型人才,应用型人才主要指将扎实的专业知识和技能应用于所从事的专业实践中。应用型人才培养的特点要突出学生应用能力的培养,因此把学生应用能力培养作为三人篮球课程设计的逻辑起点。在人才培养过程中,注意学生应用能力的培养和训练,加强基础课程教学内容的应用性部分,把应用型环节渗透到教学的全过程,强化学生动手能力和应用能力的培养。要注重和加强基础理论教学,拓宽学生的知识面,为学生打下宽厚的理论知识基础。

(3) 课内和课外相结合:突出课内理论教学与课外实践应用相互渗透和融合。

(4) 共性与个性相统一:把以课堂传授知识为主的教育环境,与直接培养学生动手能力的生产相结合,在比赛过程中,利用角色分工与角色扮演,使学生在工作场景中获取知识,以提高学生的综合素质和创新能力。

3. 课程目标设计

(1) 价值观目标:作为体育工作者,要树立健康服务意识;通过三人篮球竞赛的参与,树立规范的意识、责任意识和公平竞争的意识,以及相互配合、团结协作的精神。

(2) 思维方式目标:通过技术学习懂得迁移思想;通过战术学习懂得求变思维。

(3) 专业方法目标:掌握三人篮球习练的方法、三人篮球赛事策划与组织方法、三人篮球竞赛的裁判方法。

（4）专业技术目标：了解三人篮球文化；掌握三人篮球的基本技术、三人篮球的基本战术、三人篮球竞赛的规则、三人篮球的赛事的组织程序。

（5）职业能力目标：注重学生思维能力、组织能力和实操能力的培养。具备指导三人篮球学练的能力、策划和组织三人篮球赛的能力、裁判三人篮球赛的能力、简单处理运动创伤的能力。

4. 课程内容设计

（1）教材的选择。目前没有专业的三人篮球课程教材，关于三人篮球的书籍主要有三本：人民体育出版社出版的王梅珍的《篮球3对3比赛技巧》（2001年）、广东科技出版社出版的王新华的《三人篮球实战技法》（2002年）、北京体育大学出版社出版的周二三的《三人篮球比赛攻略》（2010年）。这三本著作均是指导三人篮球比赛训练的专业读物，对于三人篮球的技战术教学有一定的指导意义，但缺少三人篮球的策划、竞赛的组织、规则与裁判法、常见运动损伤的预防和处理等知识，因此，在教材的选择上以自编教材为主，教学内容根据课程目标来选择。

（2）教学内容的选择——五大板块体系。教学内容是完成教学任务的具体途径。篮球教学内容就是指为了实现篮球教育目标，从知识素材中选择、整理并组织的具有高度价值的素材，并用于向学生传授篮球知识的内容。篮球教学活动是以学习篮球运动技能和知识为具体表现形式的。在三人篮球教学内容选择上，以三人篮球技战术教学内容的为主体，将三人篮球文化、专项身体素质渗透于篮球技能学习过程之中，提高学生的实践应用能力。将三人篮球教学内容分为五大板块体系（见表8.3）。

表8.3 三人篮球五大板块教学体系

序号	板块	具 体 内 容
1	三人篮球文化	三人篮球运动的起源及发展，世界三人篮球运动发展概况，世界三人篮球赛事介绍
2	三人篮球基本理论知识	三人篮球赛事策划与组织、三人篮球规则与裁判法；篮球运动损伤的预防与处理
3	基本技术	基本技术（移动、进攻、防守、抢篮板球技术）、组合技术
4	基本战术	进攻基础配合、防守基础配合、经典战术
5	实践应用	以三人篮球赛事活动为主线：基本技术和组合技术的应用、基本战术方法及应用；三人篮球赛事的策划、三人篮球竞赛的组织与编排、三人篮球裁判实习

（3）三人篮球课程模块化教学内容设计（见表8.4）。

表8.4　三人篮球课程教学模块设计与能力培养对应

能力	教学模块	学时安排
三人篮球教学训练指导能力	基本技术、基础配合、战术设计	16
三人篮球比赛的裁判能力	规则与裁判法	2
三人篮球竞赛编排	竞赛组织与编排	2
三人篮球赛事策划与组织能力(创新)	赛事策划	2
简单处理运动创伤的能力	篮球常见运动损伤的处理	1

5. 三人篮球教学过程与赛事工作过程对接

(1) 三人篮球赛事工作根据参与的对象分为：竞赛参加者、竞赛运营与管理者、竞赛裁判。相应角色的工作内容：赛事参加者——三人篮球赛事训练、常见运动损伤的处理,赛事运营与管理者——三人篮球赛事的组织与策划,赛事裁判——三人篮球赛事编排与裁判。

(2) 教学过程分三个阶段：基本知识技能学习、初步应用阶段和综合实践应用阶段。在三人篮球教学过程中,不同的教学阶段形成相应的工作能力,如表8.5所示。

表8.5　三人篮球教学阶段对应工作能力形成一览表

教学过程	教学周	工作过程	
基本知识、基本技能学习	1～8	知识、方法的获得	获取学、练、教的基本技能和方法 获取规则和裁判的基本方法、获取竞赛编排方法、获取赛事策划与组织能力方法、简单处理运动创伤的方法
初步应用阶段	9～10	能力、素养的形成	小组合作模式、情境教学
综合实践应用阶段	11～15(课内)		运动教育模式：以赛事活动为主线
	课外实践		校内实践：体育欢乐节三人篮球赛事参赛、策划、组织与裁判 行业实践：三亚市谁是球王"三对三比赛"参赛、赛事组织与裁判

6. 教学组织

(1) 建立微班级,定期推送文字资料和视频资料。

(2) 采用小组合作学习方式。

(3) 课内课外相结合：课内布置作业,课外查找资料、设计战术、策划方案、组织体育欢乐节比赛、裁判实习,课内检查指导。

7. 教学手段与方法

（1）基本理论、知识：讲授、讨论、案例教学法。

（2）基本技术、战术：讲解、示范、程序教学法、录像分析法、情景教学法、角色扮演法、技战术设计。

（3）综合实践应用：运动教育模式，通过小组合作进行角色扮演。

8. 课程考核设计

三人篮球课程考核内容为考勤、课堂小测验、平时作业、小组合作程度、期末考试等方面，考核比例和考核观测点如表 8.6 所示。

表 8.6　三人篮球课程考核设计

序	内容	比例	考核观测点
1	考勤	10%	迟到、早退、请假、旷课
2	课堂小测验	20%	共 5 次小测验，每次 20 分。三人篮球场地器材标准、小组演练传切配合、突分配合、掩护配合、小组演练两种经典战术打法
3	平时作业	20%	共 4 次小测验，每次 25 分。三人篮球的发展现状和趋势、课内三人篮球赛程、三人篮球赛事开展的必需器材、课内三人篮球赛事比赛总结
4	小组合作	20%	合作参与程度
5	期末考试	30%	分组考查。赛事组织组：三人篮球比赛策划方案；参与比赛组：三人篮球战术设计与演练；临场记录与裁判组

第二节　课程"三度"建设与金课建设

2018 年 8 月，教育部发布《关于狠抓新时代全国高等学校本科教育工作会议精神落实的通知》要求加强学习过程管理：各高校要全面梳理各门课程的教学内容，淘汰"水课"、打造"金课"，合理提升学业挑战度、增加课程难度、拓展课程深度，切实提高课程教学质量。三亚学院先后制定了《三亚学院三度课程建设指导思想》《三亚学院三度建设推进方案》，分阶段推进三度建设和打造金课。

一、休闲体育专业术科课程"金课"建设必要性分析

2018 年 6 月 21 日，教育部部长陈宝生在新时代中国高等学校本科教育工作会

议上提出了消灭"水课"、建设"金课"的概念。为深入贯彻落实会议精神,加快振兴本科教育,构建高水平人才培养体系,全面提高高校人才培养能力,2018年8月教育印发《关于狠抓新时代全国高等学校本科教育工作会议精神落实的通知》,明确要求各高校要结合办学实际修订本科人才培养方案,全面梳理各门课程的教学内容,严格本科教育教学过程管理,合理提升学业挑战度、增加课程难度、拓展课程深度(以下简称"三度"),切实提高课程教学质量;要切实加强学习过程考核,严把毕业出口关,坚决取消"清考"制度。2018年11月举行的"2018高等教育国际论坛年会"上,教育部高等教育司司长吴岩再次强调:"要消灭'水课',打造有创新性、挑战度的'金课'。"

1. 休闲体育术科课程"水课"原因分析

我国高校"水课"存在的主要原因之一是学生淘汰率偏低,也就是毕业率或学位授予率偏高。学习年限为4～6年的高校毕业率或学位授予率低于90%的高校凤毛麟角。由于淘汰率低,反馈到高校课程表现出学业挑战度不足,课程难度偏低,课程深度不够,大学的学习阶段学生没有形成足够的学习压力,甚至有的课堂出现教师帮助学生通过评价的现象。如果不付出或者少付出就能通过大学的课程考核,那么还有多少学生愿意加倍努力的求学呢?因此,专业课程作为专业人才培养过程中最基本的教学环节,在不同程度上存在以下几方面的问题。

注重传授知识、忽视综合能力培养。专业课程通常采用课堂灌输式的教学方式,以教师为中心,注重知识传授,而学生处于被动的地位,师生交流互动局限于提问,缺乏启发式、研究式的学习氛围。休闲体育作为新兴专业,理论和实践发展还不成熟,胡萍在探讨了国外发达国家休闲体育专业建设现状之后认为,我国休闲体育专业在学科课程设置上与社会体育专业基本相似,使得这两个专业在培养目标和方向上容易混淆。休闲体育专业人才的培养不应该只是针对某个体育项目的专业人才,也不应该片面强调经济和管理理论知识,而忽视专业技能。因此休闲体育专业人才培养不能片面的重视专业技能或者专业理论知识,把握好二者之间的关系也是专业课程建设的重点。

教学目标设置对培养规范教学性目标支撑不足。在能力本位教育理论指导下的课程设置都是采用模块化课程设置方式来实现培养目标的。培养方案课程内容的选择方面,很多院校在培养规范中提出了要培养的多种休闲体育专业人才的休闲体育产品的策划、设计能力、休闲体育活动的组织实施能力、休闲体育的教育教学能力等专业能力,但在具体课程大纲中的课程教学目标和教学内容设置中,却缺乏培养此类专业能力所需的相关内容和教学要求。从教学大纲、教学内容、考核评价等各个环节偏重知识传授,而轻自学能力、综合应用知识发现问题、提出问题、解决问题、交流与表达等能力的培养,导致学生在专业核心能力、学习能力、创新能力和交流能力等方面欠缺。在考核评价方面,专业课程采用期末考试结合平时成绩(考勤、作业等)的综合评价方式,但期末考试所占比重一般为70%,使学生过于注重考试和成绩。培养规格中的教学性目标即所要培养的专业能力目标对课程设置的统领价值没有体现出来。

缺乏素质教育。专业课程往往偏重专业内容方面的教学,而在非专业因素方面的社会责任意识、创新意识、团队合作等制约因素的素质教育上还很欠缺,往往把这些非专业的素质教育简单视为人文社科课程所承担的教学任务,专业课程教学很难体现与休闲体育实践活动相关的非专业因素的素质教育,这导致培养的学生在职业能力综合素质方面有欠缺。综合我国高校休闲体育专业培养方案的培养规格,都明确对休闲体育专业毕业生提出了专业能力要求。其中指导能力、策划设计能力和经营与管理能力是现阶段公认的休闲体育专业人才应具备的前3位的专业能力。可见,100%的培养方案对毕业生提出了专业能力的要求,但在通识能力要求方面,只有大概70%的培养方案提出了要求。很多院校虽然提出了要求,但也仅限于外语能力和计算机操作技能上,对于创新创业能力,尤其是社会适应能力和自我发展能力,团队合作意识和人际交往和互动能力,提出、分析和解决问题的能力等综合素养都没有任何提及,这极大地限制了休闲体育专业人才创新意识的培养和综合素养的提升,对于休闲体育专业的长远发展是不利的。

2. 术科课程"金课"必要性分析

"金课"可以归结为"两性一度",即高阶性、创新性和挑战度,可以认为是高质量课程的统称。吴岩表示:"金课"首先要求课程能够达到知识、能力、素质培养的"三位一体",其次是课程内容的前沿性和时代性、教学形式的先进性和互动性、学习结果的探究性和个性化。这里所指的"课程",总体而言还是以课堂为核心,涉及课堂内外、课程始终、师生角色、考核评价。"金课"的基本特征或可归纳为三个方面,即更高层面的师生互动、聚焦教学过程、教学评价严格要求。

(1)更高层面的师生互动,教师与学生永远是教学最主要的两个要素。教育部正在推行的"课堂革命"恰恰就是要革除当下知识本位、教师主体、教室局限的弊端,而师生互动可以认为是"课堂革命"最好的切入点,也是最佳的评判点。互动可以分为五个层面,第一层面为"知识传授"层,课堂上只有授课教师的单向知识讲授输出;第二层面为"问答模式"层,教师提前设置问题,并通过知识讲授引导学生回答问题;第三层面为"双边互动"层面,不仅有教师的"教授",更有精心设计的学生的"学习"乃至学习小组的"研讨";第四层面为"思考质疑"层面,学生能积极主动进行思考并提出问题,具备发散和批判的思维能力;第五层面为"师生辩论"层面,教师与学生在课堂上展开针对性的辩论,批次发表自己的观点,实现真正的教学相长。但针对目前专业课程教学的总体而言,我们的教学大多还是处于第一和第二层面,"知识点满堂灌"依旧是教学模式的主体。导致这一现象的原因是因为教学层面越高,教师就需付出更多的精力,但又很难对其进行足够科学的教学评价,并且教师也往往得不到应有的回报。

(2)聚焦教学过程,教学是教与学的过程,包括课前、课中和课后的不同阶段,不应该只是课堂教"知识"、期末考"知识"的状态。严格而言,缺乏科学过程管理的教学不是真正的教学。学生对于"考试"和"分数"过于崇拜,以为考得好,一切都好,而所谓考得好是以分数来衡量的。所谓"四考"定未来,初中毕业的"中考",高中毕业的"高考",不少人本科毕业考研究生的"研考",还有不少研究生要考公务员的"国考"。实际上,只是考得好是远远不够的,也不足以支撑中华民族的伟大复兴的强国梦想。考试涉及的往往是知识,考得好也只能证明他记忆力超群,或是揣摩标准答案的能力超强,如何在教学过程中,学生能够真正地投入,真正地付出,更有收获,是值得不断探索的。

(3)教学评价严格要求老师与学生之间不应形成不良的默契,而是应该成为互相促进的教学共同体。学生给老师评价的打分越来越高,很少见到90分以下的评价,老师有时为了得到高分,讨好学生,或者怕学生不给高分而放松对学生的要求;老师给学生的打分也越来越高,甚至有些课程最低分都达到90分,课程评价失去了应有的作用,带来的效应是分数的虚化。有些学校教务部门对教师给出了一些限制,比如90分以上不能超过多少比例,70分以下不能高于多少比例,否则成绩不予录入,但这只是"治标"而非"治本"的办法。要实现消灭"水课"、打造"金课"目标,还需详细研究每门课的教学大纲,创新优化教学方法,在政策、组织、机制等方面的保障下深入探讨。治理"水课"、打造"金课"需要社会、学校、教师、学生的共同努力,其中最基本的是学校的教风和学风,最根本的是教师和学生观念的转变。

二、课程三度建设实践——以"健康体适能"三度建设为例

"健康体适能"是学校首批三度建设的试点课程之一,在课程饱和度、课程深度和学业紧张度做了有益的尝试。

(一)课程简介及教学目标

1. 课程简介

"健康体适能"是三亚学院体育学院体育学类休闲体育专业下开设的一门专业核心课程,授课对象为体育学院休闲体育专业大二年级学生,开课时间为第四学期,考试方式为考查。前导课程为"运动解剖学""运动生理学"和"体育保健学"等理论课程和"游泳""高尔夫"等术科课程,后续课程为"排球"等术科课程和亲水运动、休闲健身和户外运动等专业方向相关课程。

该课程以国家"立德树人"和三亚学院"让学生更好地走向社会"育人使命为教育目标;树立"以学生为中心"理念,以培养学生"核心竞争力"为战略支点,以达成体育学院《休闲体育人才培养方案》为培养目标;以使学生基本具备体育行业社会体育指导员项目中的健身教练(初级)国家职业资格认证要求的职业能力为主要课程目标;促进学生将体适能基础理论和健身基本技能融会贯通,能够应用于健身服务领域,对培养休闲体育专业应用型人才和促进学生具备健身教练(初级)国家职业资格资质发挥重要作用。

2. 教学目标

通过"健康体适能"的理论与实践教学,使学生达成具备健康体适能基础理论知识体系、具有健身动作技术原理分析能力和健身训练与指导的能力为教学目标,对标"五种品质"的具体教学目标如下。

(1)价值观:培养学生具有求真务实的科学态度,塑造学生重视健康、热爱生活、喜爱健身运动的观念,以及通过健身运动实现自我价值的价值观;

(2)思维方式:具备独立思辨、质疑或批判健康与健身领域相关信息的思维方式;

(3)专业知识:通晓健康体适能理论基础知识、健身基本原理和方法;

(4)专业技术:能够利用现代化手段获取、筛选和使用健康与健身领域相关信息,能够应用体适能知识和原理分析、评价客户的健康体适能水平,具备健身运动体能与指导技能,以及制定和实施健身运动方案的能力;

(5)职业能力:具有能够分析、解决健身或健康领域的相关实际问题的能力;具有自主学习、自觉锻炼意识和自我持续发展的能力;具备良好的沟通能力和团队意识。

3. 课程研究范围与教学内容

本课程以人体参与健身运动的规律为研究对象,研究范围主要包括运动解剖学、运动生理学、运动生物力学、运动技能学等方面内容。教学内容主要由健康体适能基础理论、健身原理与技术两大部分构成。基础理论部分包括健身教练素质与规范、健身教练的沟通技巧、人体运动系统理论、健身动作原理、体适能概述、健康体适能要素、制定运动方案基础理论等；基本技术部分包括身体姿势、动作模式、肌肉抗阻训练动作技术、肌肉拉伸动作技术、健身指导与运动方案实施等。

（二）课程资料及教学要求

1. 使用教材

《健身教练》，国家体育总局职业技能鉴定指导中心组编，高等教育出版社，2009 年第一版，31 元，ISBN：978-7-04-027632-9。

2. 阅读书目

必读：

（1）《体适能基础理论》，沈剑威，阮伯仁，人民体育出版社。

（2）《美国国家体能协会私人教练基础》，罗杰，陈方灿译. 文汇出版社。

（3）《身体功能训练动作手册》，国家体育总局训练局国家队体能训练中心编，人民体育出版社。

选读：

（1）《精准拉伸》，（美）克里斯蒂安·博格，王雄，杨斌译. 人民邮电出版社。

（2）《肌力训练圣经》，英国 DK 出版公司编，张晓译，北京美术摄影出版社。

（3）《运动解剖学》，运动解剖学编写组编，北京体育大学出版社。

（4）《功能性训练》，（美）胡安·卡洛斯·桑塔纳，王雄译，人民邮电出版社。

（5）《施瓦辛格健身全书》，阿诺德·施瓦辛格，万义兵译，北京科学技术出版社。

3. "三度"建设教学要求

（1）课程饱和度。课前预习：要求课前学生通过网络、图书馆等渠道查阅教学大纲中相关必读书目和选读书目的内容；提前十五分钟到达教室，利用课前时间通过班级微信群预习教师布置的课前预习任务；

课程实施：

A. 学习情境设置：通过课前随堂测试检验学生预习效果，并设置相关问题情景导入本科教学内容，通过激发学生的问题意识，带着解决问题的需求进行主动性学习。

B. 教学内容设计：教材内容结合教学参考书，以及当下课程相关的前沿性教学和科研成果，丰富课堂内容，确保信息量适当；并按照学生认知规律和运动技能形成规律,将教学内容以层层递进的阶梯式形式教授给学生。

C. 教学组织形式:通过理论与实践相结合,课上学习与课外指导相结合,教师讲解与学生讨论相结合,构建"课内外一体化"教学模式,及时对学生学习情况跟踪和反馈,达到认知能力与职业能力共同提高的教学效果。

D. 教学手段:利用多媒体课件等现代信息技术教育手段与板书、挂图等传统教学手段相结合,通过语言、文字、图片、音频、视频等多元素材进行授课。

E. 教学方法:通过原理性教学方法(讲授法、提问法、启发式教学法等)、技术性教学方法(问题教学法、分组讨论法、读书指导法等)和操作性教学法(任务驱动法、小组合作法、角色扮演法等)进行理论和实践环节的教学,通过小组讨论、组内互相指导、小组汇报等学习方法充分体现学生学习的主体地位,提高学生课堂参与度。

F. 课后任务:课堂教学结束后布置5个相关内容课后习题;通过教学班级微信群发送本课课件、文献、案例等相关学习资料;学期内安排1次调查报告和1次运动计划设计作业,并及时把作业中存在的问题反馈给学生;在每周的课程办公时间组织学生进行座谈和课后辅导,以巩固学生学习效果。

(2) 课程深度,知识重组。

A. 方法求新:在体育科学的系统知识架构下,突出对运动解剖学理论与健身运动方法之间的联系,使学生做到"早学、学新、学的有用";

B. 重组反思:将相关知识串联,在学生认知水平能够接受的前提下适当增加知识的广度与深度,从多个维度构建健康与健身运动的知识体系;

C. 问题意识:启发、引导学生探究休闲领域关于"高端休闲、健康竞技、智慧博弈和谐人生"理念所隐含的身体认知的思想与方法,引导学生在课内外实践中尝试发现、分析和解决当前社会背景中健康与健身领域存在的相关问题,总结解决问题的核心策略。

D. 思维培养:注重通过社会热点和案例创设问题情境,引导学生围绕问题积极思考和讨论,培养学生质疑、反思的思辨精神和批判思维,以及分析问题有多种观点,解决问题有多重方案,在多种方案中能够选择最优方案的能力。

E. 知识运用:通过让学生进行组内健身模拟指导,参与大学生体质健康测试实践,三亚市健身俱乐部调查等课内外实践,引导学生将知识有效转化为技能,能够在真实的健身指导情境中解决实际问题;通过提交作业和课程论文,使学生对所学知识进行提炼和升华,从而收获学习所带来的快乐和成就体验。

(3) 学业紧张度,学业任务。

A. 课外阅读:推荐必读书目和专业期刊文章,并给学生发送相关电子书书籍

和期刊资料,要求学生按照具体的格式和内容规范撰写相关读书笔记和文献笔记;

B. 写作任务:撰写调查报告1篇,字数不少于2 000字;制定健身运动计划4份。

C. 学习投入:要求学生每周至少进行3次健身锻炼,每次不低于60分钟;制作运动健身笔记,包括绘制骨骼肌解剖图,记录肌肉功能,相关训练方法和健身内容笔记。

D. 课程考核:该课程将过程性考核与终结性考核相结合,注重生生评价与师生评价结合,综合评价学生在知识掌握、技能形成和能力培养三方面的发展变化和学习结果。

(三) 课程内容及教学进度安排

按照教学进度安排《健康体适能课程大纲》每次课的教学内容(见表8.7),在假期把课程大纲下发给学生,要求学生提前做好预习,并撰写心得体会;同时每堂课前需要学生阅读相关书籍,上课时需要携带读书笔记,课堂上进行小测试,在课后完成相应的作业。

表 8.7　课程内容及教学进度安排

周次	时间	内容	课前阅读 (必读、选读、页码范围)	携带 材料	课堂测验与课后习题
1	周三3~4节,第1次课	第一讲:课程导入;健身教练概述;健身课程销售	必读:《健康体适能课程大纲》,教材P1~12,P325~335。 选读:《国务院关于加快发展体育产业促进体育消费的若干意见》《国务院办公厅关于加快发展健身休闲产业的指导意见》	教材、读书笔记	课堂测验: 健身教练的沟通技巧。 课后习题: 1. 着手查阅文献,写文献笔记; 2. 每周训练3次,记录训练笔记
1	周四3~4节,第2次课	实践一:沟通技巧实践;健康体适能测试与评估	必读:教材P215~219,《体适能基础理论》第十章　体适能测试与评估,P197~216。 选读:《国家学生体质健康标准(2014)》	教材、读书笔记、健康体适能评估表、运动服装	课堂测验: 引体向上、深蹲、核心测试。 课后习题: 1. 实践:大学生体质健康测试; 2. 大学生体质现状分析

（续表）

周次	时间	内容	课前阅读 （必读、选读、页码范围）	携带 材料	课堂测验与课后习题
2	周三3～ 4节， 第3次课	第二讲： 运动系统： 解剖学基本 术语；人体 骨骼和关节； 人体关节的 运动形式	必读：教材P14～29。 选读：《运动解剖学》 P29～112	教材、 读书笔记、 PPT课件	课堂测验： 关节运动形式。 课后习题： 胸部肌肉功能，抗阻训练动 作名称与技术
2	周四3～ 4节， 第4次课	实践二： 沟通技巧实 践； 胸部肌肉自 重训练技术 练习与方法 分析	必读：教材P215～219， 《体适能基础理论》第 十章　体适能测试与 评估，P197～216。 选读：《国家学生体质 健康标准（2014）》	教材、 读书笔记、 健康体适 能评估表、 运动服装	课堂测验： 俯卧撑测试。 课后习题： 实践：大学生体质健康测 试
3	周三3～ 4节， 第5次课	第三讲： 运动系统： 肩、肘关节 肌肉功能、 训练动作和 设计原理	必读：教材P30～67。 选读：《运动解剖学》， P113～186	教材、 读书笔记、 PPT课件	课堂测验： 人体主要肌肉的部位、功 能、训练动作和设计原理。 课后习题： 1. 熟练记忆各部位肌肉的 功能和动作设计原理； 2. 预习背部抗阻训练动作； 3. 记录训练笔记
3	周四3～ 4节， 第6次课	实践三： 胸部肌肉抗 阻技术：自 重、杠铃、哑 铃、器械； 胸部拉伸动 作技术	必读：教材P142～ 150，P193～194。 选读：《精准拉伸》， P40～47 《施瓦辛格健身全 书》，P210～238	教材、 读书笔记、 毛巾、 水壶、 弹力绳	课堂测验： 胸部肌肉功能与运动技术 分析。 课后习题： 1. 进行四种方式的胸部肌 肉抗阻训练和拉伸训 练； 2. 记录训练笔记
4	周三3～ 4节， 第7次课	第四讲： 运动系统： 髋、膝、踝关 节肌肉功 能、训练动 作和设计原 理	必读：教材P30～67。 选读：《运动解剖学》， P113～186	教材、 读书笔记、 PPT课件	课堂测验： 髋、膝、踝关节肌肉的部位、 起止点和功能。 课后习题： 1. 熟练记忆各部位肌肉的 功能和动作设计原理； 2. 进行背部抗阻与拉伸 训练； 3. 记录训练笔记

（续表）

周次	时间	内容	课前阅读 （必读、选读、页码范围）	携带 材料	课堂测验与课后习题
4	周四 3～ 4 节， 第 8 次课	实践四： 背部肌肉抗 阻与拉伸动 作技术	必读：教材 P150～ 157，P194。 选读：《精准拉伸》， P48～56； 《施瓦辛格健身全 书》，P239～262	教材、 读书笔记、 毛巾、 水壶、 弹力绳	课堂测验： 1. 背部肌肉位置、起止点 　和功能； 2. 动作原理与运动技术 　分析。 课后习题： 1. 进行三种方式的背部肌 　肉抗阻训练和拉伸 　训练； 2. 记录训练笔记
5	周三 3～ 4 节， 第 9 次课	第五讲： 脊柱肌肉功 能、训练动 作 和 设 计 原理； 神经系统相 关概念	必读：教材 P60～78。 选读：《运动解剖学》， P340～342，P461～464	教材、 读书笔记、 PPT 课件	课堂测验： 人体主要肌肉的部位、起止 点和功能 课后习题： 1. 熟练记忆各部位肌肉的 　功能和动作设计原理； 2. 进行背部抗阻与拉伸 　训练； 3. 记录训练笔记
5	周四 3～ 4 节， 第 10 次课	实践五： 背部斜方肌 肌肉抗阻与 拉伸动作技 术	必读：教材 P150～ 157，P194。 选读：《精准拉伸》， P48～56； 《施瓦辛格健身全 书》，P239～262	教材、 读书笔记、 毛巾、 水壶、 弹力绳	课堂测验： 1. 背部肌肉位置、起止点 　和功能； 2. 动作原理与运动技术 　分析 课后习题： 1. 进行三种方式的背部肌 　肉抗阻训练和拉伸 　训练； 2. 记录训练笔记
6	周四 3～ 4 节， 第 11 次课	实践六： 腹部肌肉抗 阻训练技术 与拉伸动作 技术	必读：教材 P175～ 180，P196～197。 选读：《精准拉伸》， P78～82； 《施瓦辛格健身全 书》，P368～389	教材、 读书笔记、 毛巾、 水壶、 弹力绳	课堂测验： 1. 腹部肌肉位置、起止点 　和功能； 2. 运动技术分析与实操 　要点。 课后习题： 1. 进行三种方式的腹部肌 　肉抗阻训练和拉伸训 　练； 2. 记录训练笔记

（续表）

周次	时间	内容	课前阅读 （必读、选读、页码范围）	携带 材料	课堂测验与课后习题
7	周四 3～4 节，第 12 次课	实践七：肩部肌肉抗阻训练与拉伸动作技术	必读：教材 P158～166，P194～195 选读：《精准拉伸》，P57～67；《施瓦辛格健身全书》，P177～209	教材、读书笔记、毛巾、水壶、弹力绳	课堂测验： 1. 肩部肌肉位置、起止点和功能； 2. 运动技术分析与实操要点。 课后习题： 1. 进行三种方式的肩部肌肉抗阻训练和拉伸训练； 2. 记录训练笔记
8	周四 3～4 节，第 13 次课	实践八：手臂肌肉抗阻训练与拉伸动作技术	必读：教材 P166～175，P195～196 选读：《精准拉伸》，P108～117；《施瓦辛格健身全书》，P263～324	教材、读书笔记、毛巾、水壶、弹力绳	课堂测验： 1. 手臂部肌肉位置、起止点和功能； 2. 运动技术分析与实操要点。 课后习题： 1. 进行三种方式的手臂部肌肉抗阻训练和拉伸训练； 2. 记录训练笔记
9	周三 3～4 节，第 14 次课	第六讲：健康体适能概论：健康、健康体适能	必读：教材 P122～135，P215～219。 选读：《体适能基础理论》第一章　体适能简介，P1～8；第五章　心肺耐力适能，P81～92；第六章　肌肉适能，P105～121；第七章　身体成分与体重控制，P123～138；第八章　柔韧性及伸展运动，P155～178；	教材、读书笔记、健康体适能评估表	课堂测验： 健康体适能构成和评估方法 课后习题： 健康体适能自我评估
9	周四 3～4 节，第 15 次课	实践九：腿部肌肉抗阻训练与动作分析、腿部拉伸动作技术	必读：教材 P180～188，P197～200。 选读：《精准拉伸》，P83～107；《施瓦辛格健身全书》，P325～367	教材、读书笔记、毛巾、水壶、弹力绳	课堂测验： 1. 腿部肌肉位置、起止点和功能； 2. 动作设计原理与实操要点。 课后习题： 1. 进行四种方式的腿部肌肉抗阻训练和拉伸训练； 2. 记录训练笔记

（续表）

周次	时间	内容	课前阅读 （必读、选读、页码范围）	携带 材料	课堂测验与课后习题
10	周三3～4节，第16次课	第七讲：运动计划概述、抗阻训练计划一	必读：教材 P210～214，P219～224。 选读：《美国国家体能协会私人教练基础》第15章　抗阻训练计划的制定，P378～414	教材、读书笔记	课堂测验： 抗阻训练的基本原则。 课后习题： 以小组为单位制定和实施抗阻训练计划
10	周四3～4节，第17次课	实践十：腿部肌肉抗阻训练与动作分析、腿部拉伸动作技术	必读：教材 P180～188，P197～200。 选读：《精准拉伸》，P83～107；《施瓦辛格健身全书》，P325～367	教材、读书笔记、毛巾、水壶	课堂测验： 1. 腿部肌肉位置、起止点和功能； 2. 动作设计原理与实操要点。 课后习题： 1. 进行四种方式的腿部肌肉抗阻训练和拉伸训练； 2. 记录训练笔记
11	周三3～4节，第18次课	第八讲：抗阻训练计划二	必读：教材 P210～214，P219～224。 选读：《运动处方》第四章　力量运动处方，P147～232；《美国国家体能协会私人教练基础》第15章　抗阻训练计划的制定，P378～414	教材、读书笔记	课堂测验： 抗阻训练计划的分析与评价。 课后习题： 以小组为单位制定和实施抗阻训练计划：全身抗阻训练、上下肢分化训练、局部肌群抗阻训练
11	周四3～4节，第19次课	实践十一：运动计划的设计与实施一	必读：教材 P180～188，P197～200。 选读：《精准拉伸》，P83～107；《施瓦辛格健身全书》，P325～367	教材、读书笔记、毛巾、水壶	课堂测验： 训练动作的设计原理。 课后习题： 1. 训练计划的修改与完善； 2. 记录训练笔记
12	周三3～4节，第20次课	第九讲：伸展练习计划、有氧运动计划	必读：教材 P224～235。 选读：《运动处方》第三章　耐力运动处方，P45～146，第五章　柔韧运动处方，P233～290；《美国国家体能协会私人教练基础》第16章　有氧耐力训练计划的制定，P415～442	教材、读书笔记、伸展和有氧运动计划	课堂测验： 拉伸、有氧训练的基本原则和内容。 课后习题： 1. 制定完整训练计划； 2. 记录训练笔记

（续表）

周次	时间	内容	课前阅读 （必读、选读、页码范围）	携带 材料	课堂测验与课后习题
12	周四 3～ 4 节， 第 21 次课	实践十二： 运动计划的 设计与实施 二	必读：教材 P180～ 188，P197～200。 选读：《精准拉伸》， P83～107； 《施瓦辛格健身全 书》，P325～367；	教材、 读书笔记、 毛巾、 水壶	课堂测验： 1. 训练动作的设计原理； 2. 体能考核。 课后习题： 1. 训练计划的修改与完善； 2. 记录训练笔记
13	周四 3～ 4 节， 第 22 次课	实践十二： 运动计划的 设计与实施 三	必读：教材 P180～ 188，P197～200。 选读：《精准拉伸》， P83～107； 《施瓦辛格健身全 书》，P325～367	教材、 读书笔记、 毛巾、 水壶	课堂测验： 1. 训练动作的设计原理； 2. 体能考核。 课后习题： 1. 训练计划的修改与完 善； 2. 记录训练笔记
15	周四 3 节， 第 23 次课	技能考核	必读：教材 P325～363。 选读：《运动解剖书》， P7～28	毛巾、 水壶	课后习题： 1. 上交课程论文； 2. 上交课程调查问卷（电 子版）

（四）课程考核

1. 考核形式

考查

2. 考核内容

平时表现 30％、课程论文 20％、技能考核 25％、体能考核 25％

3. 考核标准及要求

（1）平时表现：满分 100 分，权重 30％。平时具体表现具体考核内容和要求如表 8.8 所示。

表 8.8　课程平时表现考核内容及要求

考核内容	考核要求
课堂出勤	病事假扣 15 分/次；旷课扣 20 分/次；迟到早退扣 10 分/次
提问、讨论	学期课堂提问或参与讨论少于 1 次，扣 50 分；少于 2 次，扣 40 分；以此类推，达到 5 次以上不扣分

（续表）

考核内容	考核要求
小组学习	学期课堂训练设计与指导少于 1 次,扣 50 分;少于 2 次,扣 40 分,以此类推;达到 5 次以上不扣分
作业	学期训练和记录笔记少于 20 次,扣 50 分;少于 25 次,扣 40 分;以此类推,达到 45 次以上不扣分
课内实践	病事假扣 25 分/次,无故缺席扣 50 分/次,迟到早退扣 10 分/次,表现不积极扣 20 分

（2）课程论文：满分 100 分,权重 20%。课程论文的考核从论文选题、文献笔记和文献综述三个方面进行,其中论文选题分值为 20 分,文献笔记分值为 40 分,文献综述分值为 40 分,各考核点分值分布如表 8.9 所示。

表 8.9   课程论文考核内容及要求

考核内容	配分	考核要求
论文选题	20 分	1. 论文选题符合专业课程特色(6分); 2. 选题新颖,具有一定现实意义(7分); 3. 论域清晰准确,符合客观事实(7分)
文献笔记	40 分	1. 完成包括著作、期刊、硕博士论文在内的文献笔记 15 篇(10分); 2. 文献笔记是否涵盖了文章的核心内容(10分); 3. 是否记录了过多不重要的内容(10分); 4. 是否包括阅读后的思考和评价等输出内容(10分)
文献综述	40 分	1. 较全面地反映与选题直接相关的国内外主要研究成果、研究动态等(10分); 2. "综"是要求对某一时期主要研究成果加工、整理和分析,使各种流派的观点清楚明晰,有逻辑层次(15分); 3. "述"就是要求对综合整理后的文献站在客观的立场上进行专门的、全面的、深入的、系统的评述(15分)

（3）体能考核：满分 100 分,权重 25%。体能考核对于不同性别的学生内容和要求不一样,男生考核内容为引体向上、俯卧撑、悬垂举腿、平行深蹲;女生考核内容为澳式引体、平板上斜俯卧撑、悬垂举腿、平行深蹲。考核要求和评分标准如表 8.10 所示。

表 8.10　课程体能考核内容及要求

考核内容	考核要求	评分标准
男生：引体向上 女生：澳式引体 男生：俯卧撑 女生：平板上斜俯卧撑 悬垂举腿 平行深蹲	1. 引体向上 10 次,俯卧撑 30 次,悬垂举腿20次,平行深蹲 40 次； 2. 所有动作必须连贯完成,如出现失败动作则视为体能考核不达标； 3. 体能考核不达标者本课程成绩评定为不及格	100 分：100 秒以内； 90～99 分：100～120 秒； 80～89 分：120～140 秒； 70～79 分：140～160 秒； 60～69 分：160～180 秒； 50～59 分：180～200 秒； 40～49 分：200～220 秒； 30～39 分：220～240 秒； 20～29 分：240～260 秒； 10～19 分：260～280 秒； 0 分：280 秒以外

（4）技能考核：满分 100 分,权重 25％。

① 抗阻训练：40 分,抗阻训练考核内容及要求如表 8.11 所示。

表 8.11　抗阻训练考核内容及要求

考核内容	配分	考核要求
器械名称	1 分	没说明或说错则全扣
动作名称	3 分	没说明或说错则全扣
动作演示	10 分	动作做错全扣； 动作不标准扣 5 分； 负荷不合适扣 5 分
训练动作设计原理	10 分	出现任何错误则全扣
身体位置	3 分	漏说或说错,每项扣 1 分
身体姿势与稳定	3 分	漏说或说错,每项扣 1 分
动作轨迹	1 分	没说明或说错则全扣
动作幅度	3 分	漏说或说错,每项扣 2 分
安全提示	3 分	漏说或说错,每项扣 2 分
保护方法	3 分	没说明或说错则全扣

② 伸展训练：40 分,伸展训练考核内容及要求如表 8.12 所示。

表 8.12   伸展训练考核内容及要求

考核内容	配分	考核要求
锻炼目的	2分	没说明或说错则全扣
动作演示	10分	动作做错全扣； 动作不标准扣5分； 负荷不合适扣5分
训练动作设计原理	10分	出现任何错误则全扣
动作要点	3分	漏说或说错，每项扣1分
伸展类型	3分	漏说或说错，每项扣1分
伸展强度	3分	没说明或说错则全扣
伸展时间	3分	漏说或说错，每项扣2分
呼吸方式	3分	漏说或说错，每项扣2分
熟练程度	3分	没说明或说错则全扣

③ 撰写训练计划：20分，训练计划撰写考核内容及要求如表 8.13 所示。

表 8.13   训练计划考核内容及要求

考核内容	配分	考核要求
运动类型	2分	没注明或写错则全扣
动作/运动名称	3分	漏写或写错，每项扣1分
运动强度	3分	漏写或写错，每项扣2分
重复次数/持续时间	3分	漏写或写错，每项扣2分
组数	3分	漏写或写错，每项扣2分
休息时间	2分	漏写或写错，每项扣1分
运动频率	2分	没注明或写错则全扣
注意事项	2分	漏写或写错，每项扣1分

（5）课程资源推荐。

中国健美协会：http://www.cbba.net.cn/；

肌肉工程：http://www.jrgc.cn/；

国际健美联合会：http://www.ifbb.com/；

美国国家体能协会（上海）：http://www.nsca-shanghai.com.cn/；

APP：Keep、FitTime、NikeTrainningClub、知乎

第三节　休闲体育专业入门指导课程的建设

休闲体育是一个新兴的专业,相对于传统专业,学生对休闲体育的发展概况、学科地位、课程体系等不甚了解,导致学生专业思想不稳。为了让学生在入学初就能很好地认识体育学科和休闲体育专业,休闲体育专业入学第一课至关重要。因此,休闲体育专业设计了专业入门指导课程,旨在帮助休闲体育专业学生实现从中学到大学的过渡,提高专业学习兴趣,打开专业学习思路,建立牢固的专业思想,并帮助学生做好学业规划和职业生涯规划。

一、课程目标

(1) 了解休闲、休闲文化的概念;把握当前人们休闲的内容、方式以及特征;了解休闲与人的生存状态之间的关系,具备休闲及推广休闲活动的理念。

(2) 了解体育学科专业知识,了解当前休闲体育发展面临的机遇与挑战,了解休闲体育专业未来从事的行业、职业以及岗位,了解休闲体育专业课程体系与课程地图,使学生对所学的专业有初步的认识,培养学生的专业思想,使学生取得专业认同。

(3) 了解三级实习体系、职业资质证书考取路径以及实习与毕业论文撰写的联系。

(4) 了解大学及大学生的自我定位,帮助学生实现中学向大学的过渡;了解专业的学习方法和学习资源;掌握大学学业规划的六个步骤,引导学生做好大学阶段的学业规划。

(5) 了解职业发展与人生规划的关系、职业生涯规划的意义,引导学生规划和设计自己的职业生涯。

(6) 通过参观实习实训基地使学生初步对休闲体育所从事的行业、岗位进行了解,了解休闲体育专业的就业前景和就业领域;提高学生专业认同和专业兴趣。

(7) 通过与校友、优秀高年级学生座谈,了解大学的学习方法和学习资源、学业规划的重要性以及择业就业的态度。通过与行业高管的座谈,了解未来所从事行业的岗位及岗位要求的素养和能力,未来行业的前景。

二、课程实施

(一)"专业入门指导"课程

休闲体育专业基础课,课程设置为 1 学分、15 学时,分 8 次授课,每次 2 学时,最后 1 学时作为考核。

(二)课程内容及计划

1. 第一讲:休闲与休闲文化

(1) 休闲、休闲文化的概念、中国休闲文化的核心理念;

(2) 当前人们休闲的内容、方式以及特征。

2. 第二讲:体育学科及知识体系、休闲体育专业前沿及课程体系

(1) 体育学科及知识体系;

(2) 休闲体育发展机遇与挑战;

(3) 基于行业需求的休闲体育人才规格;

(4) 休闲体育专业课程体系;

(5) 休闲体育专业人才培养方案与课程地图。

3. 第三讲:休闲体育专业实践教学体系及考取职业资质通道

(1) 休闲体育专业三级实习体系;

(2) 考取职业资质通道;

(3) 毕业论文(设计)的总体安排。

4. 第四讲:大学与学业生涯规划

(1) 大学及大学生的自我定位;

(2) 大学学业规划的六个步骤;

(3) 引导学生做好大学阶段的学业规划。

5. 第五讲:如何进行职业生涯规划

(1) 职业发展与人生规划的关系;

(2) 职业生涯规划的意义;

(3) 职业生涯规划"五步法"。

(4) 引导学生做好职业生涯规划

6. 参观实习实训基地：休闲体育行业从业岗位及体验

（1）亲水运动企业、商业健身会馆、武术健身会馆、五星级酒店康乐部的项目运营、体育综合体；

（2）对项目进行亲身体验。

7. 座谈会：休闲体育专业学习方法及就业领域与前景（葛耀、学生代表、校友代表、行业高管）

（1）与校友、优秀高年级学生座谈；

（2）与行业高管的座谈。

8. 考核

第一题：谈谈你对休闲体育专业的认识？

第二题：结合休闲体育专业人才培养方案、课程地图及证照地图规划大学的学业生涯。

第三题：结合我校休闲体育专业开设的四个专业方向，谈谈你未来准备从事的职业是什么？制定一个简单的职业发展规划。

（三）教学形式

第一到五讲以课堂讲授和互动讨论的形式进行。

第六次课以参观和体验的形式进行。

第七次课以座谈和互动讨论的形式进行。

第八次课以开放式答题为主。

三、课程考核

（一）考核方式：考查

（二）成绩评定

1. 考核方法

平时成绩（占总分 30%）：考勤、作业；

期末考查（占总分 70%）：分角色考查。

2. 考核内容及标准

（1）考核内容。

第一题：谈谈你对休闲体育专业的认识？（30分）

第二题：结合休闲体育专业人才培养方案、课程地图及证照地图规划大学的学业规划。（35分）

第三题：结合我校休闲体育专业开设的四个专业方向，谈谈你未来想从事的职业是什么？制定一个简单的职业发展规划。（35分）

（2）考核标准。

① 平时成绩（占总分30%）。

合格：考勤良好、作业认真完成、阅读了大量休闲体育专业的相关文献。

不合格：缺勤三次以上、作业没认真完成、较少地阅读休闲体育专业的相关文献。

② 期末考查（占总分70%）。

第一题要点：休闲体育专业的认识需要结合休闲体育产业发展的趋势。

第二题要点：休闲体育专业人才培养标准、课程体系与地图、证照考取条件及路径、学业规划的科学合理性。

第三题要点：休闲体育专业的四个专业方向、职业发展规划的科学合理性。

四、推荐经典原著书目

[1]（美）托斯丹·邦德·凡勃伦.有闲阶级论[M].李风华，译.北京：中国人民大学出版社，2017.

[2]（美）约瑟夫·皮珀.休闲：文化的基础[M].刘森尧，译.北京：新星出版社，2005.

[3]（美）托马斯·古德尔，杰弗瑞·戈比.人类思想史中的休闲[M].成素梅，马惠娣，译.昆明：云南人民出版社，2000.

[4]（美）杰弗瑞·戈比.21世纪的休闲与休闲服务[M].张春波，译.昆明：云南人民出版社，2000.

[5]（美）杰弗瑞·戈比.你生命中的休闲[M].康筝，译.昆明：云南人民出版社，2000.

[6]（美）查尔斯·K.布赖特比尔，托尼·A.莫布莱著.休闲教育的当代价值[M].陈发兵，刘耳，蒋书婉，译.北京：中国经济出版社，2009.

[7] 于光远,论普遍有闲的社会[M].北京：中国经济出版社，2005.

[8] 马惠娣,走向人文关怀的休闲经济[M].北京：中国经济出版社，2004.

［9］马惠娣．休闲：人类美丽的精神家园［M］．北京：中国经济出版社，2004．

［10］于光远，马惠娣．十年对话：关于休闲学研究的基本问题［M］．重庆：重庆大学出版社，2008．

第四节　休闲体育专业创业实践课程建设

《国务院办公厅关于深化高等学校创新创业教育改革的实施意见》中提出：把深化高校创新创业教育改革作为推进高等教育综合改革的突破口，树立先进的创新创业教育理念，面向全体、分类施教、结合专业、强化实践，促进学生全面发展，提升人力资本素质，努力造就大众创业、万众创新的生力军。把解决高校创新创业教育存在的突出问题作为深化高校创新创业教育改革的着力点，融入人才培养体系，丰富课程、创新教法、强化师资、改进帮扶，推进教学、科研、实践紧密结合，突破人才培养薄弱环节，增强学生的创新精神、创业意识和创新创业能力。把完善高校创新创业教育体制机制作为深化高校创新创业教育改革的支撑点，集聚创新创业教育要素与资源，统一领导、齐抓共管、开放合作、全员参与，形成全社会关心支持创新创业教育和学生创新创业的良好生态环境。教育部在《关于加快建设高水平本科教育全面提高人才培养能力的意见》中指出：强化创新创业实践，搭建大学生创新创业与社会需求对接平台。加强创新创业示范高校建设，强化创新创业导师培训，发挥"互联网＋"大赛引领推动作用，提升创新创业教育水平。鼓励符合条件的学生参加职业资格考试，支持学生在完成学业的同时，获取多种资格和能力证书，增强创业就业能力。各校加大对创新创业实践课程改革力度，不断健全创新创业教育课程体系。

一、休闲体育专业创业实践课程建设方案

（一）指导思想

坚持党的教育方针；面向社会，面向市场，面向经济；以服务为宗旨，以创业为导向；不断更新教育教学理念，遵循因材施教原则，突出教学过程的应用性和实践性，推动理论与实践、文化基础与创业技能。

（二）建设目标

根据我校整体战略目标，结合学校现有条件，计划在未来三年内完成创业课程体系、创业项目、与创业实践基地三者的战略化发展体系。聘请科学界、企业界和创新创业领域的杰出人士走进课堂。旨在让大学生近距离接触业界人士，了解创业历程的艰辛和快乐，培养大学生志不在易、敢于冒险、求真务实、百折不挠的创新创业精神。

（三）建设内容

1. 教学团队建设

选取 5～6 人作为创业实践课程团队，且团队教师均有实际创业实践经验。经过两年建设使课程团队的职称、学历、学缘、年龄结构合理。课程团队的高级专业技术职务教师达 30％以上、中级专业技术职务教师达 50％以上，双师型教师达 70％以上、实验实训教师具有中级以上专业职务或高级职业资格。课程团队的硕士学历教师达到 100％。教师团队均具有职业资格证书。课程团队中聘请 1～2 位企业高管人员。

2. 课程教材建设

教材建设是课程建设的重要组成部分，发动教学团队开发符合专业教学实际、反映学科特色的校本教材建设，推动开发由文字教材、案例汇编及教学课件等教材资料，鼓励并支持课程主讲教师与行业企业合作编写实用有效的特色教材，经过两年的建设，编写专业创业实践指导校本指导手册。

3. 探索"校企一体化"创业实践课程教学育人模式

采取有明确针对性的任务驱动、项目导向、课堂与实习地点一体化等行动导向的教学模式。建立校内和校外两个创业实践课堂，教学根据课程内容和学生特点，灵活运用案例分析、分组讨论、角色扮演、现场实际操作等教学方法，引导学生积极思考、乐于实践，提高教与学的效果。强化学生自主体验式学习，激发创新创业灵感，增加实验、实训、实践教学的比重，注重培养学生解决实际问题的能力。

4. 实践教学建设

经过 1 年时间，建立校企合作创业实践基地 1～2 个。对于实验、实训、实习等实践性教学环节内容进行应用，同时结合企业在实际工作中的具体要求，共同进行校外创业实践基地建设，做到布点合理，功能明确，能够满足学生了解企业实际、体验企业文化的需要。积极鼓励、指导学生考取课程对应或相关的职业资格证书或专业技能等级证书,努力提高证书的获取率;积极组织、指导学生参加市级、省级、国家级"创新创业大赛"等各级各类技能竞赛活动,扩大参与面,提高获奖率。

5. 建立合理的考核模式

以设计"创业实践策划方案"为考核内容,全面对学生的知识、能力、素质综合能力为考核目标,探索符合课程教学内容特点,切合学生学习实际,既有利于检验学生的学习成果,发挥考核的反馈功能,又有利于培养学生创新创业能力的新方式,从而全面客观地反映学生学习成绩和消化效果,引导学生自主学习,不断探索,提高自身综合运用所学知识进行创新创业应用的能力。

二、休闲体育专业创业实践课程设计

(一) 课程简介及教学目标

1. 课程简介

"创业实践课"是面向休闲体育专业大三学生开设的一门实践课程,开课时间为第六学期,考核方式为考查。前导课程为"职业生涯规划课程""创业理论课程"等。

该课程以国家"立德树人"和"让学生更好地走向社会"育人使命为教育目标;结合《休闲体育专业人才培养方案》培养目标,着重培养休闲体育专业领域的创新能力和创业能力,使学生在已有创新创业理论的基础上,从具体的项目创业实践的角度,培养学生在创业实践过程中观察发现创业机会、团队创业组建、项目经营预算、创业计划书撰写等实践能力。

2. 教学目标

通过"创业实践课"的教学,树立学生正确的创新创业价值观,培养大学生同理心、创新思维和批判思维,提升其观察、提出、发现、分析和解决问题的能力,帮助大学生完善企业构思并使其学会规避风险,最终提高大学生就业、创业成功的概率具体表现为以下 5 点。

(1) 价值观:树立正确的风险价值观,发现机会、评估机会、创业风险管理和处理的素质和意识,以及通过创新创业实现自我价值的价值观;

(2) 思维方式:引导学生形成问题意识、反思意识,具备同理心、批判精神和创新精神的思维方式;

(3) 专业方法:掌握创业机会识别与评估、创业团队组建、商业计划书撰写、融资来源以及风险分析等专业方法；

（4）专业技术：以项目实践为导向，利用专业知识、技能等解决实践创业中的问题的能力；

（5）职业能力：自主学习、自觉锻炼意识和自我持续发展的能力；具备良好的沟通能力和团队意识；具有能够分析、解决休闲体育领域的相关实际问题的能力；具有良好的创新创业精神、实践能力、分析机会、管理创业过程遇到的风险的创业应用型人才。

3. 课程研究范围与教学内容

本课程以大学生创新创业教育为研究对象，研究大学生在创新创业中应遵循的商业发展模式。

教学内容主要由创新创业基础理论和实践两个部分构成。理论部分包括创业的概念、创业要素、创业的动机、企业的认知、商业机会分析、商业评估、创业计划书等；实践部分包括创业团队的建构、创业的机会、创业准备、初创实践等内容。本课程拟提出并解决以下具体问题。

（1）你的优势在哪里？你的劣势在哪里？你需要在那些方面需要加强？在创业过程中你需要哪些类型的团队成员？你需要哪些人的帮助？

（2）如何识别创业机会？大学生应该选择哪个创业项目？怎样对市场进行科学的评估？

（3）怎样编写一份完整、详细的《创业计划书》？

（4）创业需要多少启动资金？融资的渠道有哪些？股权配置如何分配？退出机制怎么设置较合理？

（5）创业有哪些风险？如何防范和应对这些风险？

（二）课程资料及教学要求

1. 使用教材：智慧树线上课程《创践——大学生创新创业实务》

阅读书目：

（1）必读。

《创业课程教与学》，谢强，机械工业出版社。

《创新创业案例与分析》，雷重熹，池云霞，靳润奇，刘雅丽，高等教育出版社。

（2）选读。

《大学生创业创业指导》，刘霞，人民邮电出版社。

《"互联网＋"大学生创新创业基础与实践》，叶明全，陈付龙，科学出版社。

2. 教学要求

（1）课程学习意义：通过本门课程学习，是学生初步了解在实际创业过程中遇到的各种问题以及处理方法，引导学生思考创业过程中需要注意的事项，学习其他同学如何对待遇见的问题，对以后的创业过程有所帮助。

（2）教学设计：结合休闲体育专业的特点和优势，本课程以项目的创新和初创为主线，在充分发挥学生专业优势下，补充专业之外的知识，进行课程的教学设计。课程拟使学生搜集自己感兴趣的案例进行知识点的学习，通过对身边实际项目的设计与实施，实现对创业的行动引导，同时加强对学生的创新意识、分析及复杂问题的能力进行培养，以实现对学生利用创业机会对创业能力进行提升的目的。

（3）教师教授方法及要求：主要采用课前阅读创业计划书，思考对应计划书中存在的问题，在慕课的学习过程中的知识应用到课程中。同时在课程的讲解过程中，采取反转课堂的形式，以学生创业小组的形式进行讲解自己的创业项目，其他同学对讲解创业小组进行提问，评价，让学生参与到课堂中，通过提问，发现问题，在经过提问讨论后，让学生对讲解创业项目的小组进行投资，投资的均值为期末考试的一项分数组成。在讲解过程中，也会结合案例，让学生参与到案例讨论中，对问题进行思考。每节课的时候都需要提交要提问的问题。另外，需要学生在期末的时候提交一份完善的项目计划书。在课程中，突出课程的实用性，鼓励学生主动思考、敢于提问、勤于思考、善于合作的能动性。

（4）学生学习方法及要求：每次课前学生需要 30～60 分钟左右时间用来学习思考下堂课要讲解小组的创业想法和思路，准备好自己的问题，与小组进行讨论，小组拿出 3 个主要问题提交。讲解小组准备好材料，在规定时间内模拟路演，接受其他同学的提问，并回答问题。

（5）三度建设要求。

在课程的饱和度方面，由于本门课程属于实践性较强的属性，在饱和度方需要学生深入到实践中，从创业实践中发现问题，解决问题。因此在饱和度方面的具体做法通过让学生组建创业队伍，通过队伍的分工，深入生活中，了解市场需求，发现创业过程中的问题。

在课程深度方面，以具体的创业项目为基础，以创业具体实践为导向，使学生深入到生活中，发现创业机会，以实际创业为导向，提升课程的深度。

在学生的紧张度方面，要求学生以创业机会为基础，通过市场调研和团队组建等内容，让每个学生都参与进来，以解决创业过程中的实际问题为目的，学生形成一个具体的创业完整过程，在后半部分的课程中，通过课前前一天随机抽取的形式确定第二天答辩讲解创业计划小组的形式进行过确认。同时在课程上抽取几位同学作为评委,让学生对讲解创业机会的小组进行提问,创业答辩小组对讲解的创业机会进行评分(具体形式参考央视从财经频道《创业英雄汇》)。

(三) 课程进度

《创业实践课》以网络课程(大学生创新创业实务)和专业创业课程为主,课程内容和进度安排如表 8.14 所示。

表 8.14　课程进度安排

周次/课次	讲课内容 (含理论、实验,请写明章、节标题)	学时	
		理论	实验
1~10/1~10	网络课程:创践—大学生创新创业实务	20	
11/11	第一讲:创业启蒙与创新探索		2
12/12	第二讲:发现商机与创业实践		2
13/13	第三讲:项目创新与团队重组		2
14/14	第四讲:创业计划与创办公司		2
15/15	第五讲:创业成果展示与完善		2

(四) 课程考核

(1) 考核形式:考查。

(2) 考核内容:平时表现 25%、小组合作学习 25%、项目展示与计划书 50%。

(3) 考核标准及要求:

平时表现:满分 100 分,权重 25%,平时表现考核标准及要求如表 8.15 所示。

表 8.15　课程平时表现考核标准及要求

考核内容	配分	考核要求
课堂出勤	50 分	病事假扣 15 分/次;旷课扣 20 分/次;迟到早退扣 10 分/次
提问、讨论	50 分	积极回答问题 3 次及以上,得 50 分; 积极回答问题 2 次,得 30 分; 积极回答问题 1 次,得 10 分; 没有参与讨论或回答问题,得 0 分

小组合作学习：满分100分，权重25%，小组合作学习考核标准及要求如表8.16所示。

表8.16　课程小组合作学习考核标准及要求

考核内容	配分	考 核 要 求
组内学习	50分	参与讨论、积极回答问题5次及以上，得50分； 参与讨论、积极回答问题4次，得40分； 以此类推，没有参与讨论或回答问题，得0分
作业	50分	按时完成，分工明确，体现全部知识点，50分； 按时完成，分工明确，体现大部分知识点，40分； 按时完成，分工明确，体现少部分知识点，30分； 按时完成，分工不明确，体现少部分知识点，20分； 没按时完成，分工不明确，体现少部分知识点，10分； 没完成，0分

项目计划书：满分100分，权重35%，课程项目计划书考核标准及要求如表8.17所示。

表8.17　课程项目计划书考核标准及要求

考核内容	配分	考 核 要 求
项目计划书路演	50分	团队是否合适　10分； 创业机会是否分析到位　10分； 项目股权配置与退出机制是否合理　10分； 项目计划书完整程度　10分； 小组项目展示时表现　10分
项目计划书答辩	50分	其他同学进行提问，项目主讲人必须回答问题，提问后，每组利用手里的100万资金进行投票，填写投资额。 第一名　50分；第二名　40分；第三名　30分；第四名　25分；第五名　20分

第九章

海南休闲体育专业学生核心竞争力培养

第一节　大学生核心竞争力内涵

一、核心竞争力内涵

"核心竞争力"的概念最早是由美国学者普拉哈拉德（Prahalad）和美国学者哈默尔（Hamel）于20世纪90年代初在合著的《企业核心竞争力》里共同提出的，他们认为与同类型企业相比，拥有"核心竞争力"的企业能够取得快速的、可持续的发展。

核心竞争力是一个企业（人才、国家或者参与竞争的个体）能够长期获得竞争优势的能力。核心竞争力是企业所特有的、能够经得起时间考验的、具有延展性，并且是竞争对手难以模仿的技术或能力。凭借着核心竞争力产生的动力，一个企业就有可能在激烈的市场竞争中脱颖而出，使产品和服务的价值在一定时期内得到提升。现代企业的核心竞争力是一个以知识、创新为基本内核的企业某种关键资源或关键能力的组合，是能够使企业、行业和国家在一定时期内保持现实或潜在竞争优势的动态平衡系统。随着企业资源的变化以及配置与整合效率的提高，企业的核心竞争力也会随之发生变化。

我国学者付泉认为核心竞争力是指能够为企业带来比较竞争优势的资源，以及资源的配置与整合方式。"核心竞争力"的概念逐步引入与应用到各个领域，核心竞争力，又称"核心（竞争）能力""核心竞争优势"，指的是组织具备的应对变革与激烈的外部竞争，并且取胜于竞争对手的能力的集合。

二、大学生核心竞争力内涵

1. 大学生核心竞争力的概念

核心竞争力这一概念已经被应用到个人核心竞争力上来。大学生要想在激烈的竞争中拥有优势、脱颖而出，也需要具备相应的"核心竞争力"。国内不同学者从不同的角度出发，对大学核心竞争力的概念及内涵提出了不同的定义和界定。北京师范大学的毛亚庆、夏仕武认为：对于大学核心竞争力的认识，我们可以从大学竞争、大学核心能力、大学竞争力三个视角来加以探讨，大学核心竞争力是大学在三大职能的某个方面具有的独特的、持久的能力，不同于一般的能力，是能够给大学自身带来超越同类大学获得在资金、生源、人才、毕业生就业方面更多利益的能力等。综合来看，核心竞争力是指一个组织拥有或控制的可以持续生产或发展的独特竞争优势的资源和能力。大学生就像各个高校的产品，经过四年的生产，产品质量的好坏要以学生的核心竞争力为标准。当前培育大学核心竞争力已成为高校共识，这是学校生存与发展的基石与关键。

学者对大学生核心竞争力的构成进行了探讨，谈煜鸿利用主成分分析法对大学生核心竞争力的调查数据进行分析，结果表明：职业基础能力、职业核心能力、身心素质和职业素养是高职学生核心竞争力的构成要素，其权重由高到低依次为职业核心能力、身心素质、职业基础能力和职业素养。余斌，张建认为核心竞争力应包括素质与职业技能两方面。素质就是大学生从事社会实践活动所具备的能力，包括学生的社会适应能力、终身学习能力、团队协作精神、实践能力、创造能力、就业和创业能力。技能，指掌握和运用专门技术的能力。高职学生的核心竞争力应是全面素质与专业职业技能的综合体现。笔者认为，大学生核心竞争力指在校学习期间所获得具备各种素养和能力的综合，具有良好的道德情操、理想信念、职业操守、自主学习能力、创新能力和可持续发展能力，具有独特的优势和长久性，即保证其能够在就业中脱颖而出，在工作岗位上可持续发展。

2. 大学生就业核心竞争力

当前，对于大学生核心竞争力的研究一般与就业能力相结合，考察就业核心竞争力，有学者认为就业核心竞争力对学生来讲不同于一般的能力，它是在一般能力基础上加以提炼和提升所形成的支撑学生现在甚至于将来的竞争优势，同时能在长时间内保持竞争优势的核心能力。它在素质能力中属于特色最突出部分，是创新能力、专业技能、人文精神和健全人格的有机统一整体。郭志立认为就业核心竞争力是个体实现人生价值、提升组织绩效、促进社会发展的重要推动力。大学生就业核心竞争力是以专业技能和职业精神为核心,融合气质、性格、创造力、适应力等个性心理特征,而形成的一种独特的、有价值的、不易被他人模仿的竞争优势。王丽辉认为大学生就业竞争力是基于学生主体本身、高等教育机构及社会等多方面因素共同合力的结果,是高校毕业生所应具备的能使其在社会上发挥独特价值的一种能力,是大学毕业生想要立足社会必须具备的基本能力之一。王丽辉认为大学生就业竞争力分四个维度:伦理道德维度、身心健康维度、专业技能维度、综合能力维度。

3. 大学生核心竞争力的影响因素

大学生核心竞争力受不同的因素影响。汪伟认为综合性大学或者是办学层次比较高的高校,由于自身师资力量强大,办学条件较好,科研水平较高以及国家政策方面的倾斜,这些学校培养出来的大学生具备更强的核心竞争力。而一些地方性高校在这方面相对滞后,除了专业设置比较粗糙、教学中软硬件投入和师资力量的不足外,还没有真正重视和采取具体的措施来培养和提高大学生的核心竞争力。这些高校大学生的核心竞争力现状不容乐观,无论是在学生知识理论储备和动手能力方面都略显不足,继续深造(如考研、考博)人数相对较少,学生整体素质有待提升,就业压力逐年增加。

刘向兵认为高水平的人才培养能力和科学研究能力是大学核心竞争力的基本构成要素,学科是培育大学核心竞争力的核心载体,学科建设是大学核心竞争力培育的核心举措。"双一流"建设的过程,就是一个以学科建设为基础,以人才培养、学术团队、科研创新"三位一体"为举措,提升大学核心竞争力的过程,这也为行业特色高校核心竞争力培育提供了突破口、指明了建设方向。行业特色高校应充分发挥自身客户更加明确、资源更易整合、学科更易共生的优势,找准核心竞争力培育的生长点,精准推进"再行业化"战略,持续优化学科结构,建立健全共建机制,深入推进协同创新。

黄宝雯,张琼认为大学核心竞争力主要具有以下五大要素:蕴含人文精神的先进理念。一是学校的教育理念反映了学校教育、管理活动中的价值观念。高校应以人为本,打造特色;立足区域,面向世界;研究市场,完善目标,"培养德、智、体全面发展,基础扎实、知识面宽、能力强、素质高,富有创新精神的专门人才"。二是独到的办学特色。高校只有办出特色才能在激烈的竞争中求得生存与发展。以质量求生存,以特色求发展,是目前高校在办学中所倡导的基本理念。有效地把握办学特色的具体内涵,针对现实的环境和学校自身的特点,正确定位学校发展目标,形成自己独特的发展模式,增强办学的活力和竞争力。三是适应社会需要的人才培养模式。高校在培养人才的同时还要服务区域经济和社会发展,遵照知识、能力、素质协调发展的原则,建立适应社会需要的人才培养模式,制定切合实际的人才培养目标、规格和方案。四是建立科学的管理与激励机制。符合高校实际和高等教育管理体制改革本身,就是很有效的激励机制;相反,如果管理机制不符合客观实际,还会阻碍各方面积极性的发挥。五是培养高素质的教师队伍。高校教师队伍建设要适应人才培养模式改革的需要,高校应为教师成长提供广阔的空间与平台,建设师德高尚、知识广博、技艺精湛、创新合作、追求卓越的教师队伍。教师在人才培养、科技开发和社会服务过程中主动升华道德境界,锻炼能力素质,真正做到教书育人,为人师表。

环蓉认为学生和企业在核心竞争力影响因素的认识上有着一定的一致性,但两者尚存有较大的认识错位。企业相对看重学生综合素质、创新实践能力、第三方对学生的客观评价以及学校的品牌等因素,学生相对更看重社会关系、各类证书和家庭背景等因素。

可见,大学的类型、办学层次、办学理念、管理体制、学校的类型、学科发展水平、师资队伍、软硬件条件对大学生核心竞争力的形成起到基础性的作用,当然起决定作用的还应该是个体后天发展方面,要加强个体后天努力对核心竞争力形成的实证研究。

4. 大学生核心竞争力的培育

不同学科专业队大学生核心竞争力的提升和培育进行了研究,并提出可行性对策。

姚玲认为提高核心竞争力必须改革人才培养模式。在人才培养的过程中注重教学过程的实践性、开放性和职业性,实验、实训、实习是三个关键环节,改革人才培养模式主要通过专业改革、课程改革、师资建设、实验实训改革来实现。

崔研认为独立学院要以思想教育为核心、夯实专业为重点、教学改革为契机、第二课堂为依托、社会实践为载体,多措并举以实现大学生创业核心竞争力的有效提高。

任洁认为深化教学改革,为学生核心竞争力的培养奠定坚实的基础;调整教学内容,提高本专业学生专业知识的综合运用能力;加强实践教学环节,培养药学专业学生的实践和创新能力;加强考研和就业指导,提高学生的就业能力;为师生提供交流学习的平台,提高学生的综合素质和能力。

王丽辉认为通过提高身体素质,发展健康人格;重视通识教育,突出专业素质;提升综合素质,不断超越自我来提升大学生核心竞争力。肖红认为带薪实习是提升地方普通高校大学生就业核心竞争力的重要途径之一。

宋丹研究发现第二课堂与大学生核心竞争力之间存在正向显著影响,并且学习满意度起着部分中介作用。基于此提出优化第二课堂教育环境,创造优良的学习条件加大第二课堂教育经费支持,建立大学生活动中心;改进第二课堂教育系统化设计,构建第二课堂保障机制;积极联合校外资源,延伸第二课堂教育范围等建议。

郭志立认为提升高职学生就业核心竞争力的路径,夯实理论知识,增强实践技能,是提升高职学生就业核心竞争力的原动力;树立职业精神,培养人文素养,是提升高职学生就业核心竞争力的关键点;塑造创新能力,提高社会适应度,是提升高职学生就业核心竞争力的突破口。

王泽善等认为专业训练与教学技能实用、基础理论知识全面以及创新能力强是民族传统体育专业毕业生就业时最为核心的竞争力。其中就业核心竞争力的最重要部分是实用的专业技能;实践类课程是培养学生创新能力最有效的工具。为了提高学生就业核心竞争力,应当设立基础理论课程、实用技能课程和创新力课程。改进实践教学环节,帮助学生将既有知识、技术、技能运用到实践中去,提高学生发现问题、分析问题和解决问题的能力,培养学生的创新能力。通过增设武术市场营销、体育竞赛组织、体育产业、影视表演等相关课程,扩大学生的知识面,提高学生创新能力。

唐芒果认为学生休闲体育专业学生就业能力包括:休闲体育专业学生的职业理想与专业学习能力、学生在未来专业领域进行休闲体育文化的传播、健身与运动休闲技能、个人品质与沟通合作能力、适应职业与工作环境能力。提出要关注学生的个性发展,在培养方案中增设不同类型(特色)的专业方向;注重专业知识,强化休闲体育文化的传播意识;强调学生职业技能,重视休闲运动技能的培养;重视工作经验,提供学习与交流机会。

可以看到,提高学生核心竞争力是各类学校的责任和共同愿景。通过改革人才培养模式、提高教学实践环节、塑造创新能力、开展第二课堂、提升自身综合素质、改善师资条件等都是提升学生核心竞争力的有效途径。

第二节   休闲体育专业学生核心竞争力的构成及提升策略

一、休闲体育专业学生核心竞争力的构成

(一)《高等学校体育学类教学质量国家标准》中的能力要求

《高等学校体育学类教学质量国家标准》对体育学类各专业的培养规格从素质

要求、只是要求和能力要求进行了基本规定,各高校可根据自身专业定位和人才培养目标,在此基础上,可以强化或者增加某些方面的素质、知识和能力要求,形成人才培养特色。

1. 素质要求

(1) 基本素质:热爱祖国,拥护中国共产党的领导,牢固树立并践行社会主义核心价值观,具有高度的社会责任感和良好的敬业精神、较强的创新精神和实践能力;遵纪守法,诚实守信,恪守学术道德规范;具有人文情怀、科学素养和审美情趣,具有弘扬中华民族体育文化精神的自觉意识;具有强健的体魄、积极的人生态度和良好的心理素质。

(2) 专业素质:掌握体育学的基本理论、基本技能和基本方法,具备较强的专业技能;初步掌握体育学研究的基本手段和方法,能够运用体育学的理论和技能分析和解决本专业领域各种实际问题;了解国家有关体育工作的方针、政策和法规;获得相关领域工作所需的创新精神、创业意识、创新创业能力和从业资格。

2. 知识要求

(1) 素养类知识:具有较良好的思想品德修养;掌握一定的自然科学、人文社会科学和创新创业知识,熟悉 1 门外语,能基本阅读与本专业有关的外文文献;熟练掌握计算机的应用知识;具备健康生活方式的有关知识。

(2) 专业类知识:系统掌握体育学基础知识和各个分支学科的专门知识;理解运动技能的有关原理;了解体育改革与发展动态以及体育科研发展趋势;初步掌握体育科学研究方法,能够撰写体育学术论文和研究报告。

3. 能力要求

(1) 获取与应用知识的能力:具有自主学习、自我发展的能力,能够利用现代化手段获取信息,语言文字表达能力良好。具备较强的专项运动技能,能将专业知识与技能融会贯通;具有求真务实的科学态度,初步具有研究和解决体育专业领域实际问题的能力;具有适应未来工作所需的技术能力和管理能力。

(2) 创新创业能力:富有创新精神,具备敏锐的观察力和分析问题、解决问题的能力,基本具备从事体育科学研究的能力;具备创业认知能力、专业职业能力、资源获取与整合能力;具有独立工作能力、沟通联系能力、合作协调能力。应培养学生的创新创业能力,休闲体育专业可相对强调学生创业意识和创业能力的培养。

(3) 社会服务能力:具有公共服务意识和公益精神,具备社会服务的基本技能与方法,具有较强的团队精神、协作能力,能够从事与体育有关的社会服务工作。

（二）行业调研中休闲体育从业岗位能力和素养要求

通过对休闲体育从业人员调研,确定了休闲体育人才岗位素养和能力要求。素养分为共同素养和专业素养,能力包括一般能力和核心能力。共同素养包括,热爱祖国、良好的思想道德素养、良好的人文修养、团队意识、吃苦耐劳的精神、安全与责任意识、协作精神;专业素养包括,热爱休闲体育事业、良好的身体素质、良好的心理素质、阳光健康的职业形象、主动服务的意识。一般能力包括,语言文字表达能力、沟通交流能力、社会适应能力、团结协作能力、获取信息能力、创新创业能力、计算机应用能力、外语视听说写能力、研究与解决问题的能力;核心能力包括,休闲体育技能指导与服务能力、休闲体育活动组织与策划能力、休闲体育俱乐部经营与管理能力、休闲体育产品开发与推广能力、实践操作能力。

（三）休闲体育专业核心竞争力

通过对《国标》素养、知识、能力的一般要求以及休闲体育岗位的实际要求的整合,认为休闲体育专业核心竞争力包括:人文通识力、体育认知力、技能指导与服务的能力、活动组织与策划能力、俱乐部经营与管理能力、产品开发与推广能力。具体如下。

（1）人文通识力:包括价值观判断力、语言文字表达能力、沟通交流能力、社会适应能力、团结协作能力、自主学习力、计算机应用能力、外语视听说写能力、社会服务力。人文通识力是基础,是成才的根基。

（2）体育认知力:包括阳光健康的职业形象、安全与责任意识、获取信息能力、创新创业能力、发现与解决问题的能力。体育认知力是成为体育人的基础。

（3）休闲体育技能指导与服务的能力,主要包括专项运动能力、技术指导能力、咨询服务能力。

（4）休闲体育活动组织与策划能力,主要包括策划能力、组织能力以及应变能力。

（5）休闲体育企业(场所)经营与管理能力,主要包括休闲体育企业(场所)经营管理的运作程序、方法和手段,特别是体育场馆、健身俱乐部、酒店康乐部的运营和管理。

（6）休闲体育产品开发与推广能力,主要包括休闲体育市场需求调研的基本程序与方法、对现有休闲体育产品进行整合创新的方法、休闲体育新产品设计与推广。

二、休闲体育专业学生核心竞争力提升策略

(一)专业建设积极响应市场变化和人才需求

了解国内外休闲体育产业发展的动态,把握休闲体育市场的导向才能培养与当今社会经济相适应的人才。国家战略为休闲体育专业建设提供发展契机,专业建设要融入国家发展战略。专业建设要服务区域经济社会发展,休闲体育专业要对接海南省十二大产业,重点与旅游产业、康养产业、医疗产业融合发展,根据市场新变化和新需求对休闲体育专业方向进行调整,如体育赛事管理方向、休闲马术方向、体育彩票方向。

(二)专业方向设置体现地方特色、差异化发展

海南海洋运动资源极其丰富,聚集阳光、沙滩、海水、绿地、空气五大要素,为开展滨海运动休闲提供了得天独厚的条件。要充分利用海南地缘优势,以滨海运动项目为主打品牌的专业,紧密结合本地区经济、文化发展需求,树立海南的人才培养特色,把休闲体育专业做大做强。在专业方向设置上,既要立足国际旅游岛建设需要又要面向全国,这样才能既有专业特色又有专业的普适性,学生毕业后的就业面才会广阔。因此在专业方向设置上,要体现海南特色的方向,如滨海运动方向(开设潜水、帆船、帆板、冲浪、游艇、沙滩运动项目)、场地高尔夫方向、体育旅游方向、高尔夫方向、户外运动方向(户外越野和拓展、露营、漂流与溯溪等)、少数民族休闲体育方向(竹竿舞、龙舟、舞龙舞狮等),同时也要体现专业的普适性,如体育健身和健美方向、体育养生与康复保健方向。

(三)创新人才培养模式、注重实践能力培养

当前休闲体育专业没有成熟的人才培养模式可供参考,各校都在探索自己的人才培养模式,首先要建立服务地方社会经济发展的课程体系;其次要突出实践教学环节,将实践教学环节贯穿于整个专业教学全过程;再次,要校企合作办学,通过产学研用,实现双方共赢。

(四)加强课程建设、提升专业能力和素养

课程是提升学生竞争力的核心。课程建设的重点是教学内容、教学方法手段

和评价方式。专业根据应用型人才培养目标,以行业需求为导向,以行业和岗位群基本素养和核心能力构建了休闲体育专业课程地图。推进教学内容、教学方法、手段和评价方式的改革,要明确每门课程在整体课程体系的作用和人才培养中的作用,使每门课程都能达到提升学生竞争力的作用。在课程上突出专业技能教学、提升职业素养和技能,鼓励学生课外考取职业资质证书;以技能为主、管理课程为辅,打造复合性应用型人才。开展创新创业课程,让学生具有创业的意识,掌握创业的方法。

(五) 加大专业建设投入、优化办学条件

良好的专业教学设施是保证高质量人才培养的条件之一。我省的休闲体育专业教学基础设施不完备,学生上课的场所时而不能保证。一要建设体育场馆、游泳池、高尔夫练习场及其他综合训练场馆;二要加强完善实验室建设,购置相关教学器材,重点建设滨海运动实验室。三要增加投入,保障学生参加各类体育竞赛。

(六) 重视人才梯队建设、内培外引提升师资力量

师资力量制约着专业建设。大部分教师都是体育教育训练学出身,擅长传统的体育专项技能教学,欠缺对新兴滨海运动项目的学习,另外缺乏系统的休闲体育理论知识。解决师资问题,必须采用"引进来和走出去"的办法,一方面加强内部培养,将专业教师送出去学习,一方面加大师资的引进力度,特别是新兴滨海运动项目教师的引进、休闲体育专业理论教师、双师型教师、行业高管的引进。此外还要加强对全国知名度专家的引进。第二要提升教师素养。教师素养提升是教学工作的基础。教师素养包括教师的学术能力和教学水平。当前,学校师资队伍的建设不仅要在数量上补充、结构上优化,更重要的是提升教师的学术能力和教学水平。学校要提供学生的竞争力,培养符合社会需要的高素质应用型人才,需要教师具备较高的教学能力和创新创业能力。如推进"双师双能型"教师培训计划,开展慕课混合式一体化教学培训,为教师提供了发展平台。

(七) 加强科研意识、提高学生解决问题的能力

教师要利用自己的科研项目,带领学生一起做科研,提高学生科研意识。认真指导大学生创新创业项目申报,提高学生解决问题的能力。积极参加"互联网+"创业大赛,提高创业能力。积极参加专业实践,从专业实践中发现问题,引导学生找到解决问题的办法。

第十章

海南休闲体育专业人才培养师资保障条件

第一节 海南休闲体育专业师资规模与结构现状

《高等学校体育学类本科专业教学质量国家标准》对于体育学类本科专业准入、规范专业建设和评估,全面深化体育学类本科专业教育教学改革,进一步提高人才培养质量具有重要的意义。对标《国标》中休闲体育专业师资规模与结构的基本条件,有助于准确把握海南休闲体育专业师资状况。对海南三所高校的休闲体育专业师资情况进行了调研,与《普通高校体育学类本科专业教学质量国家标准》进行比对,达标情况如表 10.1 所示。

表 10.1 海南休闲体育专业师资规模与结构

观测点	师资规模和结构	达标学校数量
1	有一支稳定的专业师资队伍	3
	专任教师能独立承担 70% 以上的专业课程	3
	专业带头人应是具有高级职称的本校教师	3
2	生师比应达到教育部有关文件规定的基本办学条件要求	2
	合理控制班级授课规模	2
	有足够数量的教师参与学生学习辅导	2
	运动技能课程班级授课规模一般控制在 20~25 人	1
3	专业类基础课程应有博士学位或副教授以上职称的教师担任课程负责人	0

（续表）

观测点	师资规模和结构	达标学校数量
4	各课程专任教师队伍的职称、知识、学历、年龄和学缘结构合理	3
	具有硕士及以上学位的教师比例不少于30%	2
	35岁以下的专任教师原则上应具有硕士及以上学位	2
	具有高级职称的教师比例不少于30%	2
5	承担专业课程的教师应具有同该课程密切相关的学历教育背景，或具有该领域较丰富的实践工作经验。	2
6	承担创新创业教育课程的教师，应具有相关的学历教育背景，或具有该领域较丰富的实践工作经验。	2
7	新办专业须有同专业或相近专业的本科以上学历的教师20人以上。	1
	应有具备从事本专业教学资格的教授职称者2人、副教授职称者4人以上，具有博士学位的教师2人以上。	1

　　海南三所高校休闲体育专业均拥有一支稳定的专业师资队伍，70%以上的专业课程均由专任教师独立承担，专业带头人是具有高级职称的本校教师。民办高校在专业扩招的情况下，班级的规模在增大，老师学生的比例在增加，要高于18∶1的比例。教师在课外参与辅导学生的人数由教师的师德和学校的相关规定而定，对学生负责的教师经常在课外时间辅导学生参加创新创业大赛、专业实践活动、志愿活动、专业比赛以及专业技术的提高。另外个别学校规定老师要求有在校办公时间，这样的时间用于辅导学生进行学习。班级授课的规模公办院校基本达标，民办高校由于要控制教学成本，在运动技能课上，专业方向课班级授课规模一般要小于25人，专业基础课和核心课人数要大于25人，个别学校达到40人。

　　专业基础课目前还满足不了全部达到由具有博士学位或副教授职称的教师来承担，但70%以上的课程是可以满足的。各课程专任教师队伍的职称、知识、学历、年龄和学缘结构基本合理，其中公办院校情况要好于民办高校；老牌高校要好于新建专业的高校。近年来，三亚学院师资培养力度不断加大，休闲体育专业具有硕士以上学位的老师高达95%。

　　海南休闲体育专业开设方向为游泳、救生、潜水、高尔夫、户外拓展，在这些高危项目上，不仅要求老师具备高校教师资格证，而且还要具备相关行业资质才能持证上岗，所以海南休闲体育专业的双师型教师比例较大，对于一些非高危项目，教师都具备社会体育指导员证。部分教师还有行业的从业经历和运动经历,后考取高校教师资格证从教。另外学校还会聘请一部分在行业内比较知名的高管和技术总监担任行业导师,指导学生的专业社会实践。由于他们具有丰富的实践工作经验,这部分导师也是各校创新创业课程的首选主讲教师。

目前海南三所办休闲体育专业的高校都至少创办了两个专业,再加上公共体育,所以师资人数上并不充裕,特别是民办高校,老师一边要承担休闲体育专业课程,一边要承担大学体育公共课程。民办高校在高职教师的要求上也无法满足。

第二节　休闲体育教师专业能力的构成

一、《普通高校体育学类本科专业教学质量国家标准》对休闲体育教师专业能力的构成

1. 教师素质要求和教学要求

(1)教师素质要求。

专任教师应具有良好的师德,忠实履行教书育人职责,系统掌握体育学的基本理论和方法,具有扎实的专业知识和宽广的学术视野,了解学科前沿和发展动态,能提出前沿性学术问题,并能根据问题提出针对性意见指导学生;担任运动技能课程的教师应具有较高的专项运动技术水平和专项教学能力。

(2)教学要求。

专任教师应主动承担教学任务,制订执行教学计划,自觉做好备课工作,认真组织课堂教学,切实开展课外辅导,指导学生实践活动;专任教师应主动开展教学研究,积极参与教学改革,不断更新教育理念,及时改进教学方法,并适时开展教学质量的自我评价,确保教学训练效果良好。

为促进教师素质和能力的提升,各高校应积极鼓励教师参加进修深造、教研活动、学术交流,并在时间、经费等方面予以支持;建立健全基层教学组织和教学研讨、集体备课等机制;实施新进教师上岗资格制度、助教制度和任课试讲制度。组织教师定期参加有关培训与研修,加强教育理念、教学方法和教学技术培训,更新教学内容,强化专业技能,提升教育教学水平;引导教师积极参与科学研究,不断提高学术水平,实现教学科研互动、科研反哺教学。

2. 国标视域下休闲体育教师专业能力的构成

从《国标》对休闲体育专业教师素质要求和教学要求来看,教师要具备职业道德、专业能力(包括专业知识和专业技能)、教学能力和科研能力。

(1)职业道德包括:具有良好的师德,忠实履行教书育人职责。

(2)专业能力(包括专业知识和专业技能):系统掌握体育学的基本理论和方法,具有扎实的专业知识和较高的专项运动技术水平;指导学生专业社会实践的能力;承担运动队指导训练的能力;具备一定的职业资质考评或指导大众健身的能力。

(3)教学技能:制定教学文件的能力、专项教学能力、自主学习的能力、应用教学新技术的能力。

(4)科研能力:宽广的学术视野,了解学科前沿和发展动态,能提出前沿性学术问题;教学研究能力(教学反思能力)、科学研究能力(解决休闲体育行业和实践中的问题)、创新能力(产学研用)。

二、健康中国背景下对休闲体育人才培养提出的新要求

《"健康中国2030"规划纲要》提出"共建共享、全民健康、预防为主"全新健康理念。指出实施全民健身计划,普及科学健身知识和健身方法,推动全民健身生活化。发布体育健身活动指南,建立完善针对不同人群、不同环境、不同身体状况的运动处方库,推动形成体医结合的疾病管理与健康服务模式,发挥全民科学健身在健康促进、慢性病预防和康复等方面的积极作用。促进重点人群体育活动,制定实施青少年、妇女、老年人、职业群体及残疾人等特殊群体的体质健康干预计划。要推动健康服务供给侧结构性改革,体育等行业要主动适应人民健康需求,深化体制机制改革,优化要素配置和服务供给,补齐发展短板,推动健康产业转型升级,满足人民群众不断增长的健康需求。积极促进健康与养老、旅游、互联网、健身休闲等融合,催生健康新产业、新业态、新模式。

因此,可以看到,在健康中国背景下,国家对促进健康的理念、方法提出了全新要求,不同群体的人民对健康有了新需求,市场对促进健康的手段、方式有了新需求,体育行业与健康产业、旅游产业、养老产业融合更加紧密,健康服务新业态将不断创新发展。例如,纲要提出要发挥全民科学健身在健康促进、慢性病预防和康复等方面的积极作用;开展运动风险评估,这就要求体育从业人员要掌握一定的医学知识。所以,在当前健康产业供给侧改革背景下,对休闲体育从业人员的岗位素养

和能力提出了新要求：健康理念要以预防为主，促进人们主动锻炼；健康知识要进一步拓展，引导人们形成健康素养；健康手段要进一步更新，掌握智能化的运动检测手段；促进健康行业进一步融合，进一步掌握跨学科知识。休闲体育人才培养的质量关键在于教师。只有教师适应健康产业发展的新理念、新变化、新手段、新方法、新要求，在知识结构上做出提升，在教学内容上及时更新，在教学方法上及时转变，在教学手段上创新应用，那么休闲体育的学生培养质量将会得到提升，才能满足市场对休闲体育专业人才的新需求。

第三节　休闲体育教师专业能力发展策略

从健康中国战略新要求、体育休闲健身产业新需求出发，休闲体育专业教师要培养更多承担健康中国的休闲体育从业者，必须要提升自己的专业能力。

一、全面提高职业道德修养，提高教书育人的能力

全面提高教书育人的能力，是教育部发布《关于加快建设高水平本科教育全面提高人才培养能力的意见（教高〔2018〕2 号）》对高校教师要求的一个方面。第一要加强师德师风建设。教育部关于印发《新时代高校教师职业行为十项准则》（教师〔2018〕16 号）指出：师德师风是评价教师队伍素质的第一标准。近期，教育部多个文件提出学校要"立德树人"，要做到"立德树人，德育为先"，教师首先就要"正己"，加强自身的道德修养，这样才能做到"行为世范"。第二学校要加强对师德的考核，建立长效机制，引导教师提高职业道德修养与提高教书育人能力同步提高，做有理想信念、有道德情操、有扎实学识、有仁爱之心的好老师，才能更好地肩负起担任学生的专业引路人的角色。

二、拓展专业知识能力，提升专业技能

（1）不断拓展专业知识：休闲体育专业是一个综合学科，不仅要具备体育学的基本知识，如体育概论；还应具备医学的基本知识，如运动解剖学、运动生理学、体育保健学；具备健康学的基本知识，如体育健康学；具备社会学的基本知识，如体育社会学；具备管理和营销基本知识，如体育管理学和体育市场营销；具备休闲学的

基本知识,如休闲体育概论;具备旅游学的基本知识,如体育旅游概论。此外,还应加强对最新健身科技知识和设备应用的了解,例如智能可穿戴设备的使用等。因此,在全民健身和全民健康融合背景下,教师在健身、健康、医学、休闲、旅游等学科的知识储备上要不断地加深和更新,以适应人们对健身休闲知识的需求,培养新时代的休闲体育工作者。

(2) 不断提升专业运动技能:休闲体育是一个应用服务型行业,所教授的学生未来大多数从事的是技能指导岗位,一方面我们要提高自身的专业运动技术水平,为学生树立正确的动作技术规范;一方面,要提高自身的技术实力,考取职业资质证书,甚至是运动项目的考评员,为学生考取职业资质证书铺好路;一方面,有利于教师参加专业社会服务,提升指导大众健身的能力;最后,参加行业竞赛,扩大在行业内的影响力。

三、分层次提高教师教学技能

(1) 从学校层面上讲,开展新进教师的职前培训,聘请高级职称的教师作为指导教师,一对一辅导新入职的教师,开展教学指导,提高他们制定教学文件的能力,初步获得一定的休闲体育教学能力;开展青年教师教学能力提升培训、运动技能提升培训班、体育理论培训班、新信息技术培训班,引导教师获得现代信息技术与教育教学深度融合的能力;创造条件和奖励办法激励教师到专业院校和国外专业院校进行访学,更新教学理念、教学方法和教学手段。改革教学评价体系,对教师做好分类培养。

(2) 从个人层面上来讲,教师要加强自主学习,阅读专业教学经典理论,拓展理论知识面;不断提升学习新的运动技术,获得更多的运动技能包。不断转变到应用型教学的理念,改变传统重理论轻实践的教学观念;虚心向老教师请教,获得教学经验;主动参加各种教学提升培训班;不断学习新的现代信息技术,如慕课和网络课程,并应用于教学中。深入行业学习或挂职锻炼,提高实践能力。

四、不断探索新知,提高科研能力

1. 掌握信息新技术和新渠道,提升获取信息的能力

获得信息的能力是拓宽教师学术视野、了解学科前沿和发展动态、发现提出科学研究问题的重要前提,因此要掌握最新的信息技术和积累获取最新信息的渠道。

2. 加强教学反思,提高教学研究能力

在学校层面,要经常组织专业教学研讨活动,提高教师的教学设计能力;出台相关政策激励教师申报教学研究项目。在个人层面,加强教学反思,将教学反思作为提高教研水平的重要方法;要善于在教学中发现问题,不断积累,通过查阅资料找到解决的办法,并上升到理论研究的高度,形成教学研究课题。

3. 解决行业实践问题,提高科学研究的能力

首先要遵守学术规范。《新时代高校教师职业行为十项准则》(教师〔2018〕16号)指出:要遵守学术规范,严谨治学,力戒浮躁,潜心问道,勇于探索,坚守学术良知,反对学术不端;不得抄袭剽窃、篡改侵吞他人学术成果,或滥用学术资源和学术影响。因此,教师要科研诚信。其次,转变学术导向,加强应用研究。休闲体育是一个应用型专业,应用型研究需要解决行业发展中的实际问题,所以要深入行业或在实践指导中发现问题,并形成课题进行解决。再次,提高指导学生创新的能力。高校创新创业教育改革作为推进高等教育综合改革的突破口,需要教师的倾情参与,指导学生创新实践的过程也是提高自身创新能力的过程。

参考文献

［1］ 王琦.健康中国引领下的我国体育院校运动康复专业人才培养研究［D］.济南：山东大学,2018.

［2］ 彭国强,舒盛芳.美国运动健康促进服务体系及其对健康中国的启示［J］.体育与科学,2016,37(05)：112-120.

［3］ 吕和武,吴贻刚.美国建成环境促进公共健康对健康中国建设的启示［J］.体育科学,2017,37(05)：24-31.

［4］ 曹振波,陈佩杰,庄洁,等.发达国家体育健康政策发展及对健康中国的启示［J］.体育科学,2017,37(05)：11-23+31.

［5］ 柳鸣毅,王梅,徐杰,等."健康中国2030"背景下中国青少年体育公共政策研究［J］.体育科学,2018,38(02)：91-97.

［6］ 陆国栋.治理"水课"打造"金课"［J］.中国大学教学,2018(09)：23-25.

［7］ 隋姗姗,钱凤欢.论有效课堂教学质量评估［J］.教学与管理,2017(33)：118-121.

［8］ 黄汉升,陈作松,王家宏,等.我国体育学类本科专业人才培养研究——《高等学校体育学类本科专业教学质量国家标准》研制与解读［J］.体育科学,2016,36(08)：3-33.

［9］ 潘懋元.应用型人才培养的理论与实践［M］.厦门：厦门大学出版社,2011.

［10］ 隋姗姗,李卉妍.海南高校人才培养改革途径探索［J］.山西师大学报(社会科学版),2015,42(S2)：187-188.

［11］ 陈小虎,杨祥.新型应用型本科院校发展的14个基本问题［J］.中国大学教学,2013(01)：17-22.

［12］ 魏朱宝,刘红."错位"与"重构"——应用型人才培养方案设计的思考［J］.中国大学教学,2011(07)：79-81.

［13］ 焦现伟.我国体育院校休闲体育专业课程体系研究［D］.北京：北京体育大学博士论文,2014.

［14］ 彭国强,舒盛芳.美国大学休闲体育专业课程设置的特点及启示［J］.体育与科学,2014,35(4)：12-17.

［15］ 刘洋,王家宏.休闲体育专业人才培养的问题与改革探索［J］.北京体育大学学报,2016,39(11)：104-111.

［16］ 王晓云,阮云龙.基于能力本位视角的休闲体育专业本科人才培养方案研究［J］.北京体育大学学报,2017,40(10)：84-89.

［17］ 于志刚.推动大学通识教育课程体系的培育与完善［J］.中国高等教育,2016(11)：37-40.

［18］ 季桂起,宋伯宁.地方本科院校创新性应用型人才培养模式研究［M］.山东：山东大学出版

社,2013.

[19] 陈白璧.应用型本科专业建设与课程改革探究[J].教育评论,2016(12)：18-21.

[20] 戴俭慧.中英两国体育行业国家职业标准结构和内容的比较研究[J].北京体育大学学报,2014,37(2)：13-18.

[21] 廖素清.高职院校实现专业课程内容与职业标准对接的研究[J].中国成人教育,2014(10)：66-68.

[22] 汪伟.地方性高校学生核心竞争力的构成要素分析[J].大学教育,2014(15)：11-12.

[23] 刘向兵."双一流"建设背景下行业特色高校的核心竞争力培育[J].中国高教研究,2019(08)：19-24.

[24] 隋姗姗,钱凤欢,王树恩.我国创新创业人才培养路径探析——基于国外经验比较与创新创业教育生态系统构建的角度[J].科学管理研究,2018,36(05)：105-108.

[25] 宋丹,曾剑雄.第二课堂、学习满意度与大学生核心竞争力关系的实证研究[J].大学教育科学,2018(05)：21-29.

[26] 李曙刚."健康中国"战略背景下新型体育教师的培养[J].体育学刊,2019,26(03)：96-100.

[27] 陈治强.应用型地方高校教师转型发展的现实困境与应对策略[J].教育与职业,2019(14)：74-77.

[28] 刘磊,梁冬冬.台湾运动休闲专业师资模式研究对中国大陆的启示[J].广州体育学院学报,2017,37(02)：66-70.